Tamara Hinz

Frauengeflüster

TAMARA HINZ

Frauengeflüster

Lebe dein Leben –
sonst lebt dein Leben dich

Brendow.
Verlag | Alles, was Sinn macht!

Bibliografische Information der Deutschen Nationalbibliothek
Die Deutsche Nationalbibliothek verzeichnet diese Publikation in der
Deutschen Nationalbibliografie; detaillierte bibliografische Daten
sind im Internet über http://dnb.d-nb.de abrufbar.

ISBN 978-3-86506-624-4
© 2014 by Joh. Brendow & Sohn Verlag GmbH, Moers
Einbandgestaltung: Brendow Verlag, Moers
Titelfoto: fotolia
Satz: Brendow Web & Print, Moers
Druck und Bindung: CPI – Clausen & Bosse, Leck
Printed in Germany

www.brendow-verlag.de

Inhalt

Vorwort

„Wer flüstert, der lügt", so sagt der Volksmund. Aber stimmt das wirklich? Wer flüstert, der hat manchmal einfach nur Angst, laut zu sagen, was er denkt. Wer flüstert, der schämt sich vielleicht für seine Probleme oder dafür, dass scheinbar manches im Leben nicht so gelingt, wie es eigentlich sollte. Wer flüstert, der denkt oft: „Alle anderen um mich herum kennen diese Schwierigkeiten nicht. Und deswegen muss ich mich mit meinen Gedanken und Gefühlen verstecken." Wer flüstert, ist häufig unsicher, ob seine Wahrnehmung überhaupt „richtig" ist. Möglicherweise ist alles ja auch ganz anders! Hat man dann seinen Eindruck laut herausposaunt, ist man kräftig blamiert und steht ziemlich blöd da.

Frauengeflüster möchte Mut machen, das, was uns umtreibt und bewegt, laut auszusprechen. Wenn wir uns so gegenseitig in die Karten schauen lassen, stellen wir ganz schnell fest, dass unsere Empfindungen und Gedanken vielfach sehr ähnlich sind.

Wir alle haben den tiefsten Wunsch, geliebt und geachtet zu werden. Wir alle haben das Bedürfnis, ein Umfeld zu haben, in dem wir uns entfalten und ganz wir selbst sein können. Wir alle müssen mit Widrigkeiten im Leben umgehen, müssen Krisenzeiten bewältigen und wollen gestärkt und nicht beschädigt aus diesen schweren Zeiten hervorgehen. Und wir alle erleben eine Vielzahl an Veränderungen, die bewältigt werden wollen.

Aber zunächst einmal braucht es Mut, vor uns selbst manches einzugestehen. Es braucht Mut, uns mit wichtigen Themen des Lebens auseinanderzusetzen, statt uns immer drum herum zu mogeln. Wenn wir das tun, werden wir auch Wege entdecken, die uns helfen zu wachsen, zu überwinden und Veränderungsprozesse zielführend zu gestalten.

Auch dazu will *Frauengeflüster* Mut machen: Das, was uns Schwierigkeiten bereitet, nicht einfach nur hinzunehmen oder zu verdrängen, sondern kreative Lösungsansätze zu suchen, diese Schwierigkeiten zu überwinden. Meiner Wahrnehmung nach neigen gerade Frauen dazu, zu resignieren und sich in eine Opferrolle hineinzumanövrieren. Aus Frauenmund kommt wahrscheinlich tausend Mal häufiger der Satz: „Da kann man nichts machen", als man ihn von Männern hört. „Da kann man sehr wohl etwas machen", ist meine Behauptung. Sicher, die Umstände können wir durchaus nicht immer ändern (allerdings weitaus häufiger, als wir meinen), aber *unsere* Denkmuster, Einstellungen und Verhaltensweisen lassen sich durchaus ändern, und damit ist schon viel gewonnen. Das aber setzt Bereitschaft zur Auseinandersetzung voraus, die Bereitschaft, mal querzudenken und auch ungewohnte Gedanken zuzulassen. Und ganz sicher auch die Bereitschaft, zumindest einen kleinen Schritt in eine neue Richtung zu gehen.

Lassen Sie sich von Dora, Lissy, Gabi, Nora und Bekki, von denen das letzte Kapitel in *Frauengeflüster* handelt, inspirieren. Das sind solche Frauen, die sich nicht scheuen, offen über ihre Gedanken und Gefühle zu sprechen, und die äußerst originelle Ideen haben, den Problemen zu Leibe zu rücken.

Übrigens fand ich zum Thema *Frauengeflüster* ein weitaus schöneres Zitat als das oben erwähnte. Kein Geringerer als Pablo Picasso war der Ansicht:

„Das Flüstern einer schönen Frau hört man weiter als den lautesten Ruf der Pflicht."

Na, wenn das nichts ist ...

Tamara Hinz

Ich bin ich

Mit mir selbst im Einklang leben

Ich habe gemerkt: Das Wunder, auf das ich so lange gewartet habe, bin ich selbst.

Selma Lagerlöf

Mal Hand aufs Herz: Was ging Ihnen durch den Sinn, als Sie heute Morgen in den Spiegel geschaut haben? Haben Sie sich gedreht und gewendet und dabei gedacht: „Wow, was für ein gut gebautes, wunderschönes Vollweib blickt mir denn da entgegen?"

Ich vermute, dass die wenigsten von uns mit solch einer positiven Selbstwahrnehmung in den Tag gestartet sind. Wahrscheinlich waren es bei vielen von uns eher solche Gedanken: „Frau, wie du wieder aussiehst! Zu groß, zu klein, zu dick, zu dünn, zu viele Haare an den falschen und zu wenige an den richtigen Stellen! Und diese Tränensäcke unter den Augen! Die waren doch gestern noch nicht da ..."

Gedreht und gewendet haben Sie sich erst gar nicht, weil Sie der Überzeugung sind, dass das, was Ihnen dann da entgegenblickt, Ihnen die Stimmung für den ganzen Tag vermiesen würde.

Was denken Sie, wenn Sie auf die vergangene Woche, den vergangenen Monat oder auf das vergangene Jahr zurückblicken? Denken Sie: „Schön, was ich alles geschafft und geleistet habe! Toll, dass ich so viele Begabungen und Kompetenzen besitze, die ich entfalten und einsetzen kann!"

Oder gehören Sie eher zu denen, die denken: „Mensch, wenn ich sehe, was andere Frauen im Beruf und in ihren Familien leisten, wenn ich sehe, wie perfekt sie dann noch ‚ganz nebenbei‘ einen großen Haushalt managen, Beziehungen pflegen, Sport machen und kreativ ihre Freizeit gestalten – dann fühle ich mich selbst ganz klein und mickerig. Ich kann nämlich längst nicht so viel, kriege das alles auch nicht so perfekt hin und schaffe nicht mal die Hälfte solch eines Pensums."

Was empfinden Sie, wenn Sie auf Ihre Lebensgeschichte blicken? Können Sie diese mit allen Höhen und Tiefen, mit allen Brüchen, Verletzungen und Umwegen annehmen? Haben Sie ein ganzes Ja zu Ihrem Gewordensein gefunden, oder ist solch ein Rückblick in die eigene Geschichte immer noch mit Scham- und Schuldgefühlen behaftet und trägt den schalen Beigeschmack des Versagens?

Gerade Frauen fällt es häufig sehr schwer, Ja zu sich selbst zu sagen und sich selbst mit ihrem ganzen Sosein anzunehmen. Andere Menschen werden von uns gelobt und ermutigt, mit ihnen reden wir freundlich und wertschätzend und sehen ihnen ihre Schwächen gerne nach. Nur mit uns selbst gehen wir oft sehr streng und lieblos um. Da sind wir nicht nachsichtig und barmherzig, sondern treiben uns selbst wie ein Sklaventreiber ständig an.

Mit uns selbst reden wir auch nicht lobend und ermutigend, sondern meckern wie eine schlecht gelaunte Gouvernante ständig an uns herum, schimpfen mit uns und können uns nicht verzeihen, wenn uns etwas schiefgegangen ist.

Bei anderen Menschen sehen wir jede Menge Stärken und Begabungen, nur unsere eigenen Fähigkeiten sehen wir nicht oder achten sie nur sehr gering, bauen sie dementsprechend auch nicht aus und präsentieren sie erst recht nicht in angemessener Weise.

In diesem, aber auch in allen weiteren Kapiteln dieses Buches möchte ich Sie ermutigen, sich einmal mit sich selbst zu beschäftigen (ein Luxus, den viele Frauen sich viel zu selten gönnen) mit dem Ziel, dass Sie sich selbst in einem liebevolleren Licht sehen und wertschätzender mit sich selbst und Ihrem Leben umgehen können. Mit dem Wunsch, dass Sie die Stärken und Besonderheiten Ihrer Person entdecken können und damit auch fähiger werden, andere Menschen zu lieben und für sie da zu sein.

Es geht bei dieser Beschäftigung mit der eigenen Person nicht darum, uns auf einen Egotrip zu befördern, damit wir uns völlig selbstbezogen nur noch um uns selbst drehen. Mit dieser ungesunden, narzisstischen Selbstverliebtheit gibt es gerade in der heutigen Zeit schon genug Menschen, und die fatalen Auswirkungen auf uns selbst, unsere Familien und eine ganze Gesellschaft können wir an vielen Stellen beobachten.

Aber ich bin der Überzeugung, dass eine wichtige Voraussetzung, um anderen Menschen dienen, sie lieben und für sie da sein zu können, eine gesunde, wertschätzende Einstellung zu uns selbst ist. Nur wer etwas hat, kann es auch an andere weitergeben. Nur wer weiß, dass er ein Geschenk ist, kann sich auch an andere verschenken. Nur wer um seine Begabungen und Stärken, aber auch um seine Begrenzungen und Schwächen weiß, kann sich optimal im Zusammenleben mit anderen einbringen. Nur wer durch ein gesundes Selbst-Bewusstsein stark und fest im Leben steht, der wird in Krisenzeiten nicht so schnell einknicken, und an dem können sich auch andere anlehnen, wenn sie Halt brauchen.

Einer der bekanntesten Sätze der Bibel lautet: *Liebe deinen Nächsten wie dich selbst.*[1] Jesus hat ihn einmal gesagt und damit genau diesen Zusammenhang hergestellt: Selbstliebe und Nächstenliebe gehören untrennbar zusammen.

Begeben wir uns also auf die Spurensuche hin zu uns selbst. Was und wer bin ich denn eigentlich? Was zeichnet mich denn ganz persönlich aus?

Drei Bereiche unseres Menschseins möchte ich dafür herausgreifen, die unser Sosein ganz wesentlich prägen und uns unsere unverwechselbare Gestalt geben: unsere Persönlichkeitsstruktur, unsere Begabungen und Fähigkeiten und unsere Biografie.

Ich bin ich: Das ist meine Persönlichkeitsstruktur

Was haben Sie für eine Persönlichkeitsstruktur? Welcher Typ sind Sie? Wie „ticken" Sie und worin unterscheiden Sie sich von Ihren Mitmenschen?

Sind Sie tendenziell lebhaft oder eher ruhig, sind Sie eher sachorientiert oder ein Beziehungsmensch, sind Sie eine emotionale Person oder mehr der nüchterne Typ, arbeiten Sie strukturiert oder lieber unstrukturiert und „aus dem Bauch heraus", sind Sie sehr zielstrebig oder ist für Sie eher „der Weg das Ziel", sind Sie Mimose oder Dickhäuter, sind Sie sehr Ruhe und Stille liebend oder brauchen Sie stets viel Trubel um sich herum?

Es gäbe noch zig weitere Merkmale, welche die Persönlichkeit und den Typ eines Menschen ausmachen. Wenn wir versuchen, uns selbst oder eine andere Person zu beschreiben, benutzen wir solche oder ähnliche Charakterisierungen.

Im Zusammenleben mit anderen stellt man sehr schnell fest, dass es Menschen gibt, die sich in ihrer Persönlichkeit sehr ähneln, die ähnlich „ticken", ähnlich empfinden und dem Leben und seinen Herausforderungen auf ganz ähnliche Weise begegnen. Im Laufe der Zeit hat es immer wieder Versuche gegeben, diese Eigenschaften zusammenzufassen und daraus die Beschreibung eines bestimmten Typs oder einer bestimmten Sorte Mensch zu entwerfen.

Inzwischen gibt es die unterschiedlichsten Modelle, mit denen versucht wird, die einzelnen Persönlichkeitstypen und ihre

Merkmale zu charakterisieren. Es werden an dieser Stelle auch immer wieder neue Versuche gestartet und neue Modelle entwickelt. Aber all diese Modelle haben eines gemeinsam: Sie sind nur der Versuch einer groben Unterteilung und legen nur eine Spur, der wir nachgehen können, um uns selbst besser kennen und verstehen zu lernen. Ein allgemeingültiges Raster anzulegen, in das jeder exakt hineinpasst, ist von vorneherein zum Scheitern verurteilt. Denn jeder von uns wurde von Gott einzigartig geschaffen und ist in seiner „Zusammensetzung" unglaublich kompliziert und facettenreich. Dennoch: Als Hilfe und Anhaltspunkte zum besseren Selbstverständnis können uns diese Modelle durchaus dienen.

Eines der bekanntesten und gleichzeitig ältesten Modelle ist die Temperamentenlehre des griechischen Arztes Hippokrates, der 460-375 v. Chr. lebte. Dieses Modell ist auch heute noch gültig, und auf ihm bauen viele der modernen Typologien auf.

Ich skizziere sein Modell an dieser Stelle nur in aller Kürze. Schauen Sie mal, ob Sie sich irgendwo wiederfinden und sich „einsortieren" können. Falls Sie dieses Thema für sich vertiefen wollen, empfehle ich Ihnen die Bücher von Florence Littauer[2] und Reinhold Ruthe[3].

Im Modell Hippokrates' werden vier unterschiedliche Typen benannt: der Sanguiniker, der Melancholiker, der Choleriker und der Phlegmatiker. Um es gleich vorwegzunehmen: Keiner von uns ist ein reiner Sanguiniker oder Phlegmatiker, keiner ein reiner Choleriker oder Melancholiker. Wir alle tragen Anteile eines jeden Temperamentes in uns. Es ist aber fast immer so, dass ein oder zwei Temperamente ganz deutlich überwiegen.

Schauen wir uns zunächst den *Sanguiniker* an:

Diese Person kann man als kraftvoll, energiereich, schwungvoll und aktiv beschreiben. Sanguiniker sind heitere und fröhliche, meist gut gelaunte Menschen, nicht besonders nachtragend und eher optimistisch. Sie leben im Augenblick, sind sorglos und gehen davon aus, dass alles „irgendwie" gut ausgehen wird und jedes Problem sich lösen lässt. Schwarzsehen gibt's nicht – dagegen hilft die rosarote Brille, die der Sanguiniker liebend gerne aufsetzt, und die ihm auch hervorragend steht!

Sanguiniker sind in der Regel mit sich und dem Leben zufrieden, weil sie eher das Positive als das Negative sehen. Menschen mit diesem Temperament haben die wunderbare Gabe, belastende und schwierige Lebenssituationen auf die leichte Schulter zu nehmen. Sie sind verspielt, gesellig, redselig und haben eine unkomplizierte, sehr ansprechende Persönlichkeit. Damit sind sie die geborenen Unterhalter und in jeder geselligen Runde stets willkommen.

Ist man länger mit Sanguinikern im Kontakt, erlebt man sie jedoch auch als etwas oberflächlich und flatterhaft, zwar schnell zu begeistern, aber von geringer Ausdauer und mit einem Hang zur Unzuverlässigkeit. Verbindlichkeit und Tiefgang, das ernsthafte Auseinandersetzen mit anstehenden Konflikten und Problemen ist nicht ihr Ding. Hier weicht der Sanguiniker gerne aus, steckt den Kopf in den Sand oder redet alles schön. Aufgrund seiner Naivität, seiner schnellen Begeisterungsfähigkeit und Gutgläubigkeit ist der Sanguiniker leicht zu beeinflussen und begegnet auch solchen Menschen und Situationen unkritisch, bei denen eine gute Portion Skepsis durchaus angebracht wäre.

Als Nächstes betrachten wir den *Melancholiker*:

Auch der Melancholiker ist, ähnlich dem Sanguiniker, ein sehr emotionaler Mensch. Seine Emotionen sind aber eher dunkel als hell gefärbt und er ist tendenziell sehr pessimistisch ausgerichtet. Melancholiker machen sich viele Sorgen, sind zumeist resignierend und wenig hoffnungsvoll. Von ihrer Neigung her sind diese

Menschen ängstlich, schnell beunruhigt, oft unglücklich, dem Leben und den Menschen gegenüber eher misstrauisch und von ernster Ausstrahlung.

Sagt der Sanguiniker enthusiastisch: „Super, das Glas ist ja noch halb voll!", wendet der Melancholiker garantiert mit sorgenvoller Miene ein: „Sag mal, hast du eigentlich keine Augen im Kopf? Das Glas ist doch schon halb leer!" Melancholiker denken eben eher negativ und schätzen auch sich selbst, das eigene Können und die eigenen Möglichkeiten eher gering ein. Dazu haben sie aber gar keinen Grund! Denn es sind häufig sehr talentierte und kreative Menschen mit einem ungeheuer großen Empfindungsreichtum und einem Hang zur Genialität. Unter Künstlern, Musikern, Philosophen und Poeten findet man viele Melancholiker. Nicht zuletzt, weil ihre Nachdenklichkeit sie in die Lage versetzt, Zusammenhänge des Lebens in einer Tiefe zu erfassen und auszudrücken, die ihre Mitmenschen niemals erreichen werden.

Melancholiker sind zudem sehr aufopferungsvolle und einsatzwillige Menschen, die sich aufgrund ihrer hohen Empfindsamkeit bestens in andere Menschen einfühlen können. Niemand besitzt so viel Empathie wie der Melancholiker.

Darüber hinaus sind sie geniale Denker, die Probleme hervorragend analysieren können und die Fähigkeit besitzen, zu überraschend ungewöhnlichen und kreativen Lösungen zu finden.

Dann wäre da noch der *Choleriker*:

Hören wir das Wort Choleriker, denken die Meisten von uns wahrscheinlich an den unter Bluthochdruck leidenden, mit hochrotem Kopf herumbrüllenden Chef. Dieses aufbrausende und hitzköpfige Verhalten, eben das „typisch" cholerische, ist aber nur ein kleiner Teil der Persönlichkeit eines Cholerikers. Bei vielen Cholerikern ist gerade dieses vermeintlich „typische" Merkmal wenig ausgeprägt. Hingegen finden wir im Choleriker eine ausgesprochen zielstrebige, willensstarke und dynamische Persönlichkeit, die vor Ehrgeiz nur so sprüht. Das prädestiniert ihn geradezu für Führungsrollen. Choleriker lassen sich nicht so leicht entmutigen und ziehen das, was sie einmal angefangen haben, entschlossen durch. Von Hindernissen und Problemen lassen sie sich keinesfalls abschrecken, sondern betrachten diese Schwierigkeiten als willkommene Gelegenheit, ihre Tatkraft unter Beweis zu stellen. Sie lieben Konflikte und Widersprüche und stellen sich gerne der Herausforderung, nach Lösungen zu suchen. Choleriker gehen aber, anders als Melancholiker, die Dinge eher pragmatisch an und greifen in ihren Lösungsansätzen gerne auf Vertrautes und Bewährtes zurück. Dabei können sie sehr ungeduldig und unflexibel sein, mit dem Hang, anderen ihre Lösungen aufzuzwingen.

Denn Choleriker sind im positiven wie im negativen Sinne sehr von sich selbst, ihren Ansichten und Stärken überzeugt und haben wenig Verständnis für die Schwäche mancher Mitmenschen.

Sie sind sehr unabhängige und selbstständige Menschen, für die Beziehungen eine eher untergeordnete Rolle spielen und die in der Begegnung und im Gespräch mit anderen nicht gerade vor Empathie strotzen.

Abgesehen von seinem gelegentlichen Aufbrausen ist der Choleriker wenig emotional und hat eine starke Abneigung gegen Tränen und Gefühlsausbrüche. Alles in allem ist der Choleriker ein ungeheuer leistungsstarker und stabiler Mensch, dem Wankelmütigkeit und emotionale Berg- und Talfahrten, wie sie beim Sanguiniker und Melancholiker zu finden sind, gänzlich fremd sind.

Der letzte im Bund ist der *Phlegmatiker:*

Der Phlegmatiker ist vor allem durch sein ruhiges, verlässliches und beständiges Wesen gekennzeichnet, neigt dabei aber auch zu einer gewissen Trägheit und Inaktivität. Er ist nicht sehr begeisterungsfähig und verharrt oft in Gewohntem und Vertrautem, weil er tendenziell eher unflexibel ist und aus eigenem Antrieb nur wenig Neues in Angriff nehmen kann. Er begegnet dem Leben nicht gerade zupackend, hat dafür aber eine große Gelassenheit im Umgang mit den Widrigkeiten und Problemen, die sich ihm in den Weg stellen. „Abwarten und Tee trinken" – dieser Ausspruch könnte von einem waschechten Phlegmatiker kommen. Durch diese unaufgeregte und gelassene Art ist der Phlegmatiker sehr belastbar und handelt in Krisensituationen, in denen alle anderen schon völlig aufgelöst und panisch sind, immer noch ruhig und überlegt.

In Beziehungen und Gemeinschaften ist der Phlegmatiker für andere *der* Ruhepol in aller Hektik und Umtriebigkeit und wird mit seiner entspannten und sachlichen Art sehr geschätzt. Phlegmatiker sind häufig sehr stille, in sich zurückgezogene Menschen, die wenig Aufhebens um sich selbst machen und über eine angenehme, unaufdringliche Persönlichkeit verfügen. Sie treten gerne zurück, überlassen anderen Menschen die Bühne und geben ihnen dadurch die Möglichkeit, sich zu entfalten.

Ähnlich wie der Sanguiniker ist der Phlegmatiker ein sehr zuversichtlicher, unbekümmerter und positiver Mensch, dabei aber sehr beständig, ausgeglichen und zufrieden, weil er die kräftezehrenden, emotionalen Turbulenzen, die in den anderen Temperamenten eine Rolle spielen, nicht kennt. Phlegmatiker sind sehr friedliebend und zuverlässig und darüber hinaus sehr hilfsbereite und geduldige Mitmenschen. Mit einem Phlegmatiker erlebt man keine Dramen und unliebsamen Überraschungen, keine unberechenbaren Gefühlsausbrüche und emotionale Turbulenzen, dafür aber Beständigkeit, Treue und absolute Zuverlässigkeit.

Haben Sie sich selbst, eine gute Freundin oder Ihren Partner wiedererkannt? Interessanterweise suchen wir uns gerade für die

Partnerschaft oder eine enge Freundschaft jemanden mit einem ganz anderen, fast gegensätzlichen Temperament aus, so, als ahnten wir, dass wir diese Ergänzung brauchen und dem anderen mit unserem Temperament ebenfalls Ergänzung bieten können. Das kann für beide Seiten eine große Bereicherung sein, sorgt aber auch für jede Menge Konfliktstoff, weil der andere völlig anders, für uns oft sehr unverständlich „tickt".

Ob Sie das von mir kurz skizzierte Modell nehmen oder eine völlig andere Typologie: Es ist sehr hilfreich, die eigene Persönlichkeitsstruktur zumindest in groben Zügen zu kennen. Denn diese Persönlichkeitsstruktur ist ein Teil unserer Person, und zwar ein ganz wesentlicher. Mit ihr wurden wir geschaffen, sie ist weitestgehend schon von Geburt an in uns angelegt und wird uns ein Leben lang begleiten. Erziehung, Prägung und unsere Lebensumstände haben diese Persönlichkeitsstruktur nicht in uns hervorgerufen. Diese Dinge können lediglich verstärkend wirken, nämlich dann, wenn wir ein Lebensumfeld haben, in dem sich unsere Individualität voll entfalten kann.

Unsere Erziehung oder die Lebensumstände können unsere Grundstruktur aber auch überlagern. Wenn Sie z.B. ein sanguinisches Temperament haben, also eine gewisse Leichtigkeit und Fröhlichkeit besitzen, und als Kind immer zu hören bekamen: „Nun sei doch nicht immer so albern!", oder: „Du bist ein richtiger Hans-guck-in-die-Luft; wenn du das Leben nicht ein bisschen ernster nimmst, wirst du eines Tages gehörig auf die Nase fliegen!", dann kann es sein, dass Sie versucht haben, sich Ihre Unbekümmertheit und Fröhlichkeit abzutrainieren. Aber in Ihrem Innern wird dieses heitere Wesen immer noch vorhanden sein.

Wenn Sie der melancholische Typ sind, haben Sie vielleicht häufig zu hören bekommen: „Musst du immer so ernst sein? Du bist ja 'ne richtige Spaßbremse! Deine ständige Grübelei nervt!" Oder: „Du machst aus jeder Mücke gleich einen Elefanten, *so dra-*

matisch ist das Ganze ja nun auch wieder nicht!" Weil Sie den
Eindruck hatten, Sie seien nicht „richtig" und gingen anderen mit
Ihrer Art auf die Nerven, haben Sie begonnen, Ihre Nachdenklichkeit zu überspielen und eine Maske der Fröhlichkeit und Unbe-
schwertheit aufzusetzen. Sie geben sich mit Oberflächlichkeiten
zufrieden – aber in Ihrem Innern sehnen Sie sich nach Tiefgang
und intensivem Austausch.

Wenn Sie Choleriker sind, besitzen Sie eine unglaubliche Willensstärke, können gut vorangehen, Sachen durchziehen und klar
und deutlich Ihre Meinung sagen. Aber dann haben Sie vielleicht
irgendwann gemerkt: „Oha, als Frau kommt gerade *das* gar nicht
so gut. Da wünscht man mich eher zurückhaltend und angepasst,
da soll ich mich eher führen lassen anstatt selbst zu führen." Und
dann haben Sie angefangen, gegen diese Stärke in sich vorzuge-
hen und sich an die Erwartungen anderer anzupassen. Aber so
richtig wohl fühlen Sie sich nicht in Ihrer Haut.

Wenn Sie schwerpunktmäßig phlegmatisch veranlagt sind,
wurde Ihnen möglicherweise immer vorgeworfen, Sie seien faul,
„trantütig", eine lahme Schnecke und würden den Hintern nicht
hochkriegen. Dass das, was Sie anpacken, auch Hand und Fuß
hat, dass man sich hundertprozentig auf Sie verlassen kann, dass
Sie eben kein Hans-guck-in-die-Luft sind, sondern mit beiden auf
dem Boden stehen – all das wurde nur selten erwähnt. Und so treten Sie sich Ihr ganzes Leben immer nur in den Hintern, fühlen
sich schrecklich langweilig und durchschnittlich und ärgern sich,
dass Sie nicht so eine Stimmungskanone sind wie Ihre Freundin.

So fühlen sich manche Menschen ihr ganzes Leben lang in ihrer Haut unwohl und arbeiten permanent gegen sich selbst an.
Aber das Leben geht viel leichter von der Hand, wenn wir mit uns
zusammenarbeiten! Deswegen ist es so wichtig, dass wir zu dem,
wie Gott uns eigentlich gemeint hat, zurückfinden. Nur dann
können wir mit uns selbst im Einklang leben. Dazu gehört, dass

wir Ja dazu sagen, dass wir *so* und nicht anders sind. Sie dürfen so sein, wie Sie sind! Es ist *gut* so, wie Sie sind! Versuchen Sie nicht ständig, etwas zu sein, was Ihnen nicht entspricht und mühsam etwas zu produzieren, was gar nicht in Ihnen angelegt ist. Besser ist es, wenn Sie Ihre Energien in Ihre starken Seiten stecken. Und die haben Sie!

Vielleicht kennen Sie folgendes Bild, das eine sehr eindrückliche optische Täuschung in sich birgt: Auf diesem Bild ist ein Frauenportrait abgebildet. Je nachdem, worauf man seinen Blick konzentriert und welche Perspektive man einnimmt, sieht man eine junge, hübsche Frau oder eine alte Greisin mit Hexennase. *Je nachdem, worauf man seinen Blick richtet.* So ist das auch in unserem Leben. Wir können unseren Blick auf unsere Schwachpunkte und Mängel richten. Wir können uns ständig mit anderen vergleichen, die Eigenschaften und Fähigkeiten besitzen, die wir nicht haben. Wenn Sie Unzufriedenheit und Minderwertigkeitsgefühle in sich schüren wollen, dann ist dies das erfolgreichste Rezept, um schnell zum Ziel zu kommen!

Wir können unseren Blick aber auch auf unsere guten Charaktereigenschaften richten und darauf konzentrieren, diese auszubauen, zu optimieren und für andere einzusetzen.

Wenn Sie beispielsweise ein eher phlegmatisches Temperament haben, dann sind Sie in einer Gruppe sicher nicht die Initiativste, mit tollen, kreativen Ideen, und sind sicher auch nicht der quirlige Mittelpunkt, der die Aufmerksamkeit und die Lacher auf seiner Seite hat. Wenn Sie damit ständig hadern, verpassen Sie und Ihre Mitmenschen etwas ganz Wesentliches: Ihre Ruhe, Ihre Besonnenheit. Ihr bedächtiges Abwägen, Ihre Verbindlichkeit und Treue machen Sie zu einem unverzichtbaren Bestandteil jeder Gruppe und zu einem wunderbaren Gegenüber in einer Beziehung.

Es ist wichtig zu erkennen, dass *jedes* Temperament neben seinen Stärken auch seine Schwächen hat. An diesen Schwächen gilt es einerseits zu arbeiten, damit sie uns nicht ständig zu Fall bringen, andererseits aber über diese Schwachpunkte auch zu einer entspannten Gelassenheit zu finden. Mir hilft dann immer der Gedanke, dass es andere Menschen neben mir gibt, die die Schwächen meines Temperamentes mit den Stärken ihres Temperamentes ausgleichen. Dafür hat Gott uns zusammengestellt! Ich brauche mit meiner Person gar nicht alles abzudecken, sondern darf mich ergänzen lassen. Ich brauche nur ein kleines Mosaiksteinchen zu sein und muss nicht das ganze Kunstwerk darstellen. Das zu erkennen ist äußerst befreiend und für eine entspannte Lebenshaltung sehr förderlich.

Ich bin ich: Das sind meine Begabungen
Begabungen sind besondere Fähigkeiten, die uns mitgegeben wurden. Auch hier ist schon ganz viel ohne unser Zutun, in unseren Genen, angelegt. Aber mehr noch als bei unserer Persönlichkeitsstruktur hängt hier auch sehr viel davon ab, wie und in welchen Bereichen wir gefördert wurden oder uns heute selbst fördern.

Dass ein Mensch z.B. musikalisch ist, wurde bereits in seinen Genen angelegt. Wir sagen dann: „Das hat er im Blut." Oder: „Sie hat die Musik mit der Muttermilch aufgenommen." Wir meinen damit, dass dieser Person ihr Können regelrecht zufliegt, während andere mit viel höherem Einsatz und Aufwand noch nicht einmal annähernd gleich gute Ergebnisse erzielen können.

Aber nicht immer kommt eine Begabung auch zum „Ausbruch". Dass sie sich entfalten und entwickeln kann, hängt auch davon ab, ob wir die Gelegenheit hatten, hier aktiv zu werden und auf die richtige Spur gesetzt wurden. Wenn Sie beispielsweise ein großes schauspielerisches Talent besitzen, aber Ihre Eltern Sie in einen Sportverein gesteckt haben und Sie auch an anderer Stelle nie die Möglichkeit hatten zu schauspielern, dann kann es sein, dass Sie bis heute dieses Talent gar nicht entdeckt haben.

Den eigenen Begabungen auf die Spur zu kommen ist Geschenk und Verpflichtung zugleich. Ein Geschenk, weil es kaum etwas Befriedigenderes gibt als dieses Besondere, was uns mitgegeben wurde, zu entfalten und einer Tätigkeit nachzugehen, die dieser Begabung entspricht. Aber uns selbst in diesem Bereich auf die Spur zu kommen ist auch Verpflichtung: Wir sind dafür verantwortlich, das Bestmögliche aus unserem Leben zu machen und Gutes, das uns anvertraut wurde, nicht einfach verkümmern zu lassen!

Kennen Sie Ihre ganz persönlichen Begabungen, Fähigkeiten und Talente? Oder ist das nicht der Fall? Haben Sie vielleicht manchmal den Eindruck, Sie leben etwas, was gar nicht so recht zu Ihnen passt? Stecken Sie möglicherweise in Arbeiten und Aufgaben fest, die für Sie immer sehr mühsam sind, weil sie gar nicht Ihren Befähigungen entsprechen?

Dann schauen Sie doch mal nach, was da noch so in Ihnen schlummert. Ein guter Wegweiser an dieser Stelle sind unsere Träume und Leidenschaften, Visionen und Themen, für die unser Herz schlägt. Arbeiten, in denen wir so richtig aufgehen, und Tätigkeiten, bei denen wir alles um uns vergessen, sind Zeichen dafür, dass wir uns auf der richtigen Spur, nämlich auf dem Weg zu uns selbst befinden.

Sie können sich selbst auf diese Spur setzen, indem Sie alte Träume und Pläne, die Sie früher, als junger Mensch, hatten, noch einmal hervorholen und noch einmal ganz neue Lebensentwürfe wagen. Seien Sie neugierig, informieren Sie sich und lassen Sie sich inspirieren vom Leben anderer Menschen. Und wenn Sie denken: „Das könnte etwas für mich sein, das passt zu mir!", dann bleiben Sie dran und klemmen Sie sich dahinter, an dieser Stelle weiterzukommen. Und haben Sie den Mut, einfach mal etwas auszuprobieren! Eines der größten Geschenke unserer Zeit ist die Möglichkeit, auch als Erwachsene noch zu lernen, sich selbst zu fördern und neue Wege einzuschlagen.

Was wollten Sie schon immer einmal gerne tun? Ein Musikinstrument erlernen? Eine neue Sprache sprechen? Künstlerisch tätig werden? Theater spielen? Schreiben? Malen? Den professionellen Umgang mit Computern erlernen oder Ihr Knowhow in anderen technischen Bereichen vertiefen? Eine Sportart ausüben? Einen Garten anlegen? In einer karitativen oder sozialen Einrichtung tätig werden?

Sie sehen: Den Ideen sind keine Grenzen gesetzt! Begeben Sie sich auf die spannende Suche nach Ihren Begabungen, und nehmen Sie Gott in Ihr Fragen und Suchen mit hinein. Denn er kennt Sie ja am besten und weiß auch am besten, was zu Ihnen passt.

Auch hier geht es wieder darum, dass Sie JA sagen. JA zu Ihrer ganz speziellen Begabung oder Gabenkonstellation. Das, was Sie da bei sich entdecken (oder was Ihnen möglicherweise auch schon längst vertraut ist), mag in Ihren eigenen Augen oder in den Augen mancher Menschen sehr unbedeutend sein. Aber seien Sie sicher, diese Begabung *ist* wichtig und wertvoll, weil Gott sie in Sie hineingelegt hat und durch Sie und Ihre spezielle Fähigkeit in unsere Welt hineinwirken will. Es ist dann Ihre vorrangige Aufgabe, sich selbst und Ihrer Gabe immer wieder ganz viel Wertschätzung entgegenzubringen.

Vielleicht besitzen Sie aber auch eine besondere, außergewöhnliche Fähigkeit. Etwas, was sich für Sie sehr „speziell" anfühlt. Sie trauen sich nicht, diese Begabung zu leben, weil Sie sich dann von der Masse abheben und durch das Raster der Normalität fallen würden. Dann lassen Sie sich ermutigen, auch das Außergewöhnliche zu leben. Sie werden innerlich erst zur Ruhe kommen und im Einklang mit sich sein, wenn Sie „Ihr Ding" leben.

Gott hat jedem von uns viel mitgegeben – machen wir etwas draus!

Ich bin ich: Das ist meine Biografie

Wir wissen heute, dass unser Ich ganz stark durch unsere persönliche Geschichte, also dadurch, wie unser Leben bis heute verlaufen ist, geprägt wird. Vor allem unsere Kindheit spielt hier eine ganz wesentliche Rolle. Denn in dieser Phase unseres Lebens sind wir noch formbar und weich, sodass jede Prägung, zum Guten wie zum Schlechten, tiefe Spuren in uns hinterlässt.

Wenn ich mich im Folgenden mehr auf die Negativprägung konzentriere, dann nicht, weil ich das Gute nicht sehe oder es kleinreden will. Denn tatsächlich hat vieles, das wir an Kompetenzen und Lebenstauglichkeit hier und heute in unserem Leben finden, seine Wurzeln im Früher und in dem, was uns von unseren Eltern und anderen Bezugspersonen mitgegeben wurde. Es lohnt sich, immer wieder einen dankbaren Blick nach hinten zu tun und es nicht als Selbstverständlichkeit zu nehmen, wenn wir guten Boden hatten, auf dem wir prächtig gedeihen und wachsen konnten. Demut und Dankbarkeit wäre da eine angemessene Reaktion.

Aber das Gute macht uns in unserer Entwicklung nicht zu schaffen, sondern das Schlechte und das, was uns zu einem gesunden Gedeihen *fehlte*. Und so ist ein Blick in die eigene Geschichte besonders dann vonnöten, wenn wir im gegenwärtigen Leben mit unserem Ich große Probleme bekommen und denken: „Hier klemmt's bei mir immer wieder. Ich stolpere immer an den gleichen Stellen, ohne genau zu wissen, warum." Wir brauchen dann diesen Rückblick, um nachvollziehen zu können, woher diese Blockaden kommen. Wenn wir uns selbst nicht verstehen mit dem, wie wir denken, fühlen oder reagieren, dann hat das häufig seine Ursachen in der Kindheit, und wir können Zusammenhänge herstellen, wenn wir hier einmal genauer hinschauen. Dieser Rückblick in die eigene Geschichte hat nicht das Ziel, andere (z.B. die Eltern) anzuklagen und dann in einer sich selbst bedauernden Opferhaltung zu verharren. Es geht nicht um Schuldzuweisungen, sondern darum, das eigene Gewordensein besser zu verstehen. Wir können dann zu uns selbst sagen: „Klar, dass ich *so* denke, *so* fühle und mich *so* verhalte, das ist bei meiner Geschichte und der damit verbundenen Prägung eine logische Folge. Meine Reaktion ist vielleicht nicht gut, und ich werde mich kräftig ins Zeug legen müssen, um ungute Prägungen abzulegen und Neues einzuüben. Aber in alldem begegne ich mir selbst mit großem Verständnis. Ich verurteile mich nicht und klage mich nicht an, wenn ich mit manchen Situationen im Leben nicht gut zurechtkomme, sondern bleibe mir selbst zugewandt."

Dieser Rückblick kann uns helfen, unser Lebensfundament, das möglicherweise sehr schadhaft, brüchig oder rissig ist, im Nachhinein auszubessern. Indem wir erkennen, dass es da manche Fehlprägung gegeben hat und uns über uns selbst manche Wahrheit untergejubelt wurde, die keine Wahrheit, sondern eine Lüge war, können wir nachträglich Stützpfeiler einbauen oder undichte Stellen abdichten. Indem wir Gott unser verwundetes Herz hinhalten und ihn um Wiederherstellung bitten, kann auch manche Verletzung noch nachträglich heilen.

Vor ungefähr zehn Jahren hatte ich eine heftige Erschöpfungsdepression, die einherging mit starken Angst- und Panikattacken. Damals hatte ich das Gefühl, meine Seele würde mir regelrecht um die Ohren fliegen. Meine Psyche kollabierte, machte, was sie wollte, und ließ sich scheinbar durch nichts mehr beruhigen. Mit der Bearbeitung und Verarbeitung dieser Störung kam auch bei mir noch einmal ganz viel Altes, scheinbar längst Vergessenes wieder hoch. Ich spürte, dass diese Altlasten mein Leben bis in die Gegenwart hinein vergifteten.

Für mich war es ganz wichtig, meine Kindheit in einer Alkoholikerfamilie noch einmal zu beleuchten, um Zusammenhänge und Auswirkungen auf mein jetziges Leben zu verstehen. Erst dann konnte ich beginnen, nachzubessern und zu korrigieren, was da in der Kindheit schiefgelaufen war. Heilung begann, und Gesundes fing an zu wachsen – ein Prozess, der bis heute anhält und der wahrscheinlich nie ganz abgeschlossen sein wird.

Bei Ihnen werden es ganz andere Themen sein, die Sie in der Auseinandersetzung mit der eigenen Geschichte beschäftigen. Aber diese Auseinandersetzung lohnt sich: So manch eine Blockade in unserer Persönlichkeit kann auf diesem Weg überwunden werden und wir werden immer fähiger, ein Leben im Einklang mit uns selbst zu leben.

Zu unserer Biografie gehören auch Situationen, die wir „vermurkst" haben. Entscheidungen und Weichenstellungen, die sich im Nachhinein als Fehlentscheidungen entpuppt haben, mit deren Konsequenzen wir und andere nun aber leben müssen. Da gibt es Schuld, Versagen und Unrecht, das wir anderen zugefügt haben, das wir heute bitter bereuen, das wir aber nicht mehr so einfach wieder gutmachen können. Manchmal spüren wir nur allzu deutlich: *Der* Zug ist in unserem Leben endgültig abgefahren!

Brüche und Versagen gehören auch zu unserem Menschsein und haben bei der einen oder anderen von uns das Leben nachhaltig geprägt. Wenn wir hier Gottes Vergebung nicht annehmen können, wenn andere Menschen oder wir selbst uns diese Vergebung verwehren, dann stehen unsere Schuldgefühle immer wieder auf, klagen unser Ich an und verhindern, dass wir als freie Menschen durchs Leben gehen.

Nicht zuletzt gehört zu unserer Geschichte auch unsere derzeitige Lebenssituation. Ob Sie als Familienfrau leben oder als Single, ob Sie Arbeit haben oder keinen Job finden, obwohl sie liebend gerne Ihren Beruf ausüben würden, ob Sie in einer liebevollen Paarbeziehung eingebettet sind oder sich gerade getrennt haben, ob Ihre Wohnverhältnisse so sind, dass Sie sich wohlfühlen oder Sie an dieser Stelle sehr unglücklich sind, ob Ihr Leben materiell einigermaßen gesichert ist oder ob Sie permanent Geldsorgen haben, ob Sie derzeit relativ unbeschwert durchs Leben gehen oder momentan große Krisen erleben – all das wird Ihr Selbstgefühl und Ihre Einstellung zu Ihrem Ich maßgeblich mitprägen.

Nun haben wir die verschiedenen Bereiche unseres Ichs etwas „auseinandergepflückt" und uns unsere Persönlichkeitsstruktur, unsere Begabungen und unsere Biografie angeschaut. Manches, was Sie da betrachtet haben, wird Ihnen gefallen haben. In diesen Bereichen sind Sie mit sich zufrieden und haben ein ganzes Ja zu sich selbst. Das ist gut so, und diese Stärken und positiven Seiten an Ihrer Person sollten Sie unbedingt festhalten und sich diese Dinge immer wieder vor Augen führen.

Aber da ist auch all das andere an unserer Person, das, was wir eher mit dem Etikett „negativ" versehen, wenn wir daran denken. Diese Dinge gehören aber auch zu uns – selbst dann, wenn sie sich mit dem Wunsch „Ich möchte mit mir selbst im Einklang leben" scheinbar nur schwer vereinbaren lassen.

Was also tun, damit wir als *ganze* Person, mit allem „drum und dran", einigermaßen mit uns rund sind? Ich sage bewusst „einigermaßen", weil ich der Überzeugung bin, dass wir uns alle immer mal wieder mit Selbstzweifeln und Unzufriedenheiten herumschlagen. Glauben Sie nicht, dass Ihre Kollegin, Nachbarin oder gute Bekannte, die vielleicht sehr selbstbewusst auftritt und Sie damit kolossal beeindruckt, solche Gefühle nicht kennt!

Wenn wir uns gegenseitig hinter unsere auf Hochglanz polierte Fassade schauen lassen, dann stellen wir ganz schnell fest, dass jeder sie kennt: Tage, an denen man gänzlich unzufrieden mit sich selbst ist, das Gefühl hat, man bekommt gar nichts geregelt und sieht darüber hinaus auch noch zum Fürchten aus!

Aber solche Tage sollten die Ausnahme sein, und mein Wunsch für Sie und mich ist es, dass es uns immer besser gelingt, mit uns selbst „rund" zu sein. Im Folgenden einige Impulse, wie uns das besser gelingen kann.

Vor allem: geliebt!

Es gibt ein Grundgefühl, ein Grundwissen, das eigentlich zu uns Menschen gehört, weil wir in dieses Gefühl hineingeschaffen und hineingeboren wurden. Es ist die ganz tiefe Gewissheit, von Gott, unserem Schöpfer, gewollt und geliebt zu sein, und bei ihm, wie ein Kind bei seinen liebenden Eltern, geborgen zu sein. Leider haben wir dieses Grundgefühl verloren, weil uns entweder das Wissen um Gott und der Glauben an ihn abhanden gekommen sind oder wir ein sehr verzerrtes Bild von diesem Gott haben. Wenn er für uns überhaupt noch existiert, dann allenfalls als theoretisches Gedankengebäude oder humorloser Aufpasser, der uns Menschen mit erhobenem Zeigefinger ein moralisch korrektes, dafür aber langweiliges und farbloses Leben „verpassen" will.

Aber wenn wir die Bibel als Grundlage für unser Wissen über Gott nehmen, dann wird sehr schnell deutlich, dass es diesem Gott keinesfalls vorrangig um ein mustergültiges Leben seiner Geschöpfe geht, sondern um etwas ganz anderes. Seine wichtigste Botschaft an uns Menschen lautet: „Ich habe jeden Einzelnen von euch geschaffen, ihr seid mir sehr wertvoll, und ich liebe euch von ganzem Herzen. Ich möchte euch in meiner Nähe haben und wünsche mir, dass euer Leben gelingt, dass es farbenfroh und voller Daseinslust ist und dass all das Gute, was ich euch mitgegeben habe, zur vollen Entfaltung kommt!"

Diese Liebeserklärung Gottes gilt auch für Sie ganz persönlich! Gott, der Sie geschaffen hat, macht um Ihr Ich mit Ihrer Persönlichkeit, mit Ihren Begabungen und mit Ihrer Biografie eine dicke Schleife und hängt ein Kärtchen dran mit der Aufschrift: *Geliebt, gewollt und sehr wertvoll. Achtung – zerbrechlich!*

Lassen Sie sich niemals und von niemandem irgendetwas anderes einreden!

Ihre Person gibt es in dieser einzigartigen Zusammensetzung auf der ganzen Welt nicht noch einmal, und was Sie sehen, wenn Sie auf sich selbst blicken, ist genau *so* von Gott geliebt. Und zwar bedingungslos. Bedingungslos heißt, dass Gott nicht nur das Gute an Ihnen liebt und den „Rest" Ihrer Person ablehnt. Nein, Gott liebt uns *all inklusive*, mit unseren Schwächen, Ecken, Kanten und mit allem Versagen. Das begeistert mich immer wieder.

Das Wissen um diese Liebe ist die beste Voraussetzung, um immer mehr in ein Leben im Einklang mit sich selbst hineinzuwachsen.

Den Schmerz in eine Perle verwandeln

Vielleicht können Sie sich meiner Begeisterung über den Gedanken „Ich bin geliebt" nicht anschließen, weil in Ihrem Leben Dinge geschehen sind, die diese Liebe äußerst fragwürdig erscheinen lassen. Ich hatte ja kurz etwas von meiner persönlichen Geschichte angedeutet, die phasenweise alles andere als ein Zuckerschlecken war. Solche äußerst schmerzhaften und unverständlichen Zeiten oder Erlebnisse kennen wahrscheinlich die meisten von uns: Plötzlich trifft uns eine schwere Krankheit, wir verlieren unsere Arbeitsstelle oder haben große Probleme am Arbeitsplatz, die Partnerschaft gerät in eine Krise, eines unserer

Kinder schert aus und macht große Probleme, ein Elternteil, der Partner oder sogar ein Kind stirbt oder irgendein anderes, nicht vorhersehbares Unglück trifft uns und wir geraten völlig unverschuldet in große Not.

Unser Ich kann durch solche Einbrüche ganz schön ins Schleudern kommen. Und dann fragen wir zu Recht: „Wenn Gott mich liebt, geschaffen und gewollt hat, warum wird mir dann *so etwas* im Leben zugemutet?"

Ich sage Ihnen ganz ehrlich, dass ich auf diese Frage keine Antwort habe. Jedenfalls keine, die wirklich erklärt und zufriedenstellt. Leiderfahrungen in unserem Leben umgibt immer ein gewisses Mysterium. Schnelle und leichte Antworten sind angesichts der Not mancher Menschen mehr als unangebracht! Manchmal ist es besser zu schweigen oder zuzugeben, dass es Dinge gibt, die wir nicht verstehen und nicht erklären können.

Aber ich habe eines verstanden: Gott ist nicht ein ferner Gott, der irgendwo im Himmel sitzt und teilnahmslos die Strippen zieht, sondern er ist ein Gott, der uns im Leid ganz nahe ist. So nahe, dass er in Jesus auf die Erde gekommen ist und unter uns gelebt hat, um unser Leben und Sterben mit zu durchleben und zu durchleiden. Damit hat er mit seiner Liebe zu uns wirklich ernst gemacht!

Dieser Gedanke kann helfen, aber das letzte „Warum?" sicher nicht erklären. Weil ich diese Antwort zumindest im Moment nicht finde, aber ein tiefes Vertrauen zu diesem liebenden Gott in mir trage, habe ich irgendwann aufgehört zu fragen: „Warum?" und angefangen, auch zu dem Schmerz in meinem Leben Ja zu sagen, ihn einfach als zu mir gehörend zu akzeptieren. Sie gehören eben auch zu meinem Ich: die schweren Zeiten, die Krisen und das Unvermögen. In diesem Prozess des Ja-Sagens habe ich dann etwas ganz Erstaunliches entdeckt: Gott kann diesen Schmerz in eine Perle verwandeln.

Die Perle in einer Auster, die wir so sehr schätzen, ist eigentlich aus einer Verletzung entstanden. Irgendein Fremdkörper ist in die Muschel eingedrungen und hat sich in das Fleisch hineingebohrt. Die Auster versucht nun nicht, den Fremdkörper mit aller Macht wieder loszuwerden, sondern sie umschließt ihn, nimmt ihn in sich auf und verwandelt ihn in eine Perle. Ohne dass sie selbst es weiß, ist aus dem Schmerz und der Verletzung etwas sehr Kostbares geworden.

Könnte das vielleicht ein Weg sein, mit den Härten des Lebens, die wir nicht verstehen, umzugehen? Unverständliches nicht abzuwehren, sondern als Bestandteil unseres Ichs zu akzeptieren und zu integrieren? Über schwere Zeiten nicht zu verbittern und hart zu werden, sondern Ja zu sagen? Möglicherweise erleben wir dann, dass unser Leben auch mit – oder gerade wegen – dieser Wunde zu etwas Besonderem heranreift.

Ich glaube, wenn diese Verwandlung vom Schmerz zur Perle gelingt, dann sind wir auf dem Weg zu einem Leben im Einklang mit uns selbst schon sehr weit!

An Schwächen arbeiten

Aber auf dem Weg dorthin geht es auch darum, an der eigenen Persönlichkeit zu arbeiten. Ja zu sagen zu sich selbst und an sich zu arbeiten schließen einander nicht aus. Ich liebe meine Kinder, sage Ja zu ihnen und habe sie trotzdem erzogen (oder habe es zumindest versucht!).

Als Erwachsene müssen wir uns diese Erziehungsarbeit selbst angedeihen lassen. Wenn wir also merken, dass wir durch bestimmte Anteile in unserem Ich immer wieder stolpern, uns selbst schaden oder andere Menschen verletzen, wird es Zeit, hier einmal genauer hinzuschauen..

Dabei ist es hilfreich, das Thema, um das es geht, so genau wie möglich zu bestimmen und zu benennen. Was ist es genau, was mir da immer wieder zu schaffen macht? Wenn es Altlasten aus der eigenen Biografie sind, wird es nötig sein, das eine oder andere noch einmal anzuschauen und aufzuarbeiten. In den meisten Fällen brauchen wir dafür kompetente Hilfe von außen, aber diese Arbeit lohnt sich allemal.

Sind es Störfaktoren aus unserer Persönlichkeit, werden wir nicht umhinkommen, uns mit einiger Disziplin ein verändertes Verhalten anzueignen. Das kostet Überwindung, denn das, was wir da einüben wollen, geht uns nicht so leicht von der Hand. Ja, häufig ist dieses Neue das Gegenteil von dem, was von unserem Naturell her in uns angelegt ist.

Sie sind vielleicht ein „typischer" Sanguiniker und merken, dass Sie zwar sehr initiativ und begeisterungsfähig sind, aber dass es bei Ihnen immer wieder an Durchhaltevermögen und Verbindlichkeit fehlt. Dadurch bleibt vieles auf der Strecke, was Sie anfangs voller Elan angepackt haben, und auch andere leiden unter Ihrer Unzuverlässigkeit. Dann gilt es zum Beispiel, die Fähigkeit zu trainieren, dranzubleiben und eine Arbeit auch dann von Anfang bis Ende durchzuführen, wenn der erste Schwung Sie verlassen hat.

Wenn Sie Melancholiker sind, sind wahrscheinlich Ihr Hang zum „Schwarzsehen" und Ihre Schwermütigkeit für Sie selbst und andere der größte Stolperstein. Sie sacken dadurch immer wieder emotional ab und machen sich selbst und anderen das Leben unnötig schwer. Dann ist es Ihre „Schule", der Magnetwirkung negativer Gedanken zu widerstehen, Ihr Denken zu versachlichen und den Blick stärker auf das Gute und Helle zu lenken.

Als Choleriker spüren Sie vielleicht, dass Ihre Willensstärke, Ungeduld und Ihre fehlende Empathie für andere öfter zum Problem wird. Andere fühlen sich von Ihnen immer wieder „an die Wand gebügelt" und Sie leiden möglicherweise darunter, dass Sie für Ihre Mitmenschen nicht gerade ein Sympathieträger sind.

Ihr Trainingsprogramm besteht dann darin, sich in einer Gruppe öfter mal zurückzuhalten, mehr auf andere einzugehen und verstärkt in Beziehungen zu investieren.

Und die Phlegmatiker unter uns spüren, dass es bei aller geschätzten Bedächtigkeit und Zurückhaltung doch manchmal gefordert ist, stärker auf Menschen zuzugehen und dem Leben initiativ zu begegnen. Wenn man alles gleichgültig laufen lässt, bleibt eben auch viel Gutes, das wir auf den Weg bringen könnten, auf der Strecke.

Was Ihr persönliches Thema ist, werden Sie selbst herausarbeiten müssen. Aber die Beispiele verdeutlichen: Bei aller Selbstannahme, bei allem Ja-Sagen zu uns selbst geht es nicht darum, die Hände in den Schoß zu legen und uns „gehen zu lassen".

Nein, reifer und stimmiger mit uns selbst werden wir durch Training und viele, viele Übungseinheiten, die wir einfach stur und beharrlich durchziehen. Da brauchen Sie gar nicht nach großen, spektakulären Dingen Ausschau zu halten, sondern Sie finden diese Persönlichkeitsschule in den kleinen, scheinbar unbedeutenden Situationen des Alltags: In Ihren Freundschaften, in Ihrer Ehe und Familie und am Arbeitsplatz. Der ganz normale Alltag bietet genug Entwicklungs-, aber auch Korrekturmöglichkeiten für unser Ich!

Weil ich es mir wert bin

In unserer Familie achten wir auf einen guten Umgangston. Wir versuchen freundlich, höflich und wertschätzend miteinander zu reden, uns gegenseitig nicht niederzumachen, sondern Kritik konstruktiv vorzubringen. Wenn Sie Familie haben, wissen Sie auch, dass das nicht immer gelingt. Aber eine gute Kommunikation ist eine äußerst lohnende Investition in jede Beziehung.

Auf diese gute Kommunikation sollten wir aber nicht nur im Zusammenleben mit anderen achten, sondern sollten auch uns selbst gegenüber einen guten Umgangston pflegen. Vielleicht denken Sie jetzt: „Aber mit mir selbst rede ich doch gar nicht!" Das glaube ich nicht. Vielleicht reden Sie nicht laut und vernehmlich mit sich selbst, aber wir alle führen im Laufe eines Tages, zumindest in unseren Gedanken, unzählige Selbstgespräche.

Um herauszufinden, welchen Umgangston Sie mit sich selbst pflegen, wird es nötig sein, dass Sie Ihre Wahrnehmung für Ihre gedanklichen Selbstgespräche schärfen. Das ist gar nicht so leicht, weil wir in unserem Kopf häufig keine ausformulierten Sätze haben, sondern eher so etwas wie Gedankenblitze und Fragmente von Kommentaren, die wir selbst oder andere zu unserem Verhalten abgeben würden.

Auch wenn es nicht leicht ist: Versuchen Sie einmal, hier etwas genauer hinzuhören und diese Stimmen aus dem Unterbewussten ins Bewusstsein zu holen! Wie reden Sie mit sich selbst? Wie reden Sie mit sich, wenn Ihnen etwas schiefgegangen ist? Wenn Sie vor dem Spiegel stehen? Wenn Sie Ihr Tagespensum an Arbeit nicht geschafft haben? Wenn Ihre Kinder sich (mal wieder) unmöglich benommen haben?

Manchmal hilft es, das Gehörte tatsächlich einmal laut auszusprechen, oder, besser noch, aufzuschreiben. Ohne Ihnen zu nahe treten zu wollen: Die meisten von uns werden erstaunt, ja, sogar entsetzt über den ganzen „Müll" sein, der sich da in ihrem Kopf befindet: ein Konglomerat aus wüsten Beschimpfungen, Abwertungen, Beschuldigungen und Kritik. Eine schlecht gelaunte Gouvernante wäre im Vergleich dazu die Liebenswürdigkeit und Höflichkeit in Person!

Marc Aurelius hat einmal gesagt: *Auf die Dauer nimmt die Seele die Farben der Gedanken an.* Wenn wir uns in unseren Gedanken ständig selbst herabsetzen, dann wird das unser Selbstgefühl prägen. Statt im Einklang mit uns selbst zu leben, arbeiten und kämpfen wir ständig gegen uns an und fühlen uns mit uns selbst sehr unwohl.

Deswegen ist es so wichtig, dass wir diesen Negativbotschaften auf die Spur kommen und durch gutes, heilsames Denken und Reden ersetzen. Das ist nicht leicht, denn diese inneren Selbstgespräche sind, vor allem, wenn wir sie schon seit Jahr und Tag in dieser Weise praktizieren, ein regelrechter Selbstläufer. Wenn wir sie aber gepackt (und am besten noch zu Papier gebracht) haben, können wir sie in aller Ruhe betrachten und uns fragen: „Ist das, was ich hier vor mir sehe, eigentlich die Wahrheit?" Bin ich z.B. wirklich *immer* und *total* ungeschickt? Bekomme ich tatsächlich *nie* etwas auf die Reihe? Sehe ich wirklich einfach *nur* schrecklich aus?

Wahrscheinlich werden wir sehr schnell feststellen, dass vieles, was wir uns selbst da zusprechen, in seiner Absolutheit gar nicht stimmt. Deswegen sollten wir unsere Aussagen korrigieren. Das könnte am Beispiel der gerade genannten Feststellungen so aussehen:

„Mir ist gerade etwas heruntergefallen, aber deswegen bin ich noch lange nicht *immer* ungeschickt."

„Ich habe *heute* meine Arbeit nicht geschafft, aber die ganze letzte Woche war ich im Zeitplan. Ich bekomme in meinem Leben durchaus eine Menge auf die Reihe."

„Heute Nacht habe ich schlecht geschlafen, was sich auch in meinem Äußeren widerspiegelt. Dass man mir meine Müdigkeit ansieht, macht gar nichts, denn mein Wert als Frau steht und fällt nicht damit, dass ich immer wie aus dem Ei gepellt aussehe. Ich werde mich jetzt ein bisschen zurechtmachen und dann fühle ich mich direkt wieder wohler in meiner Haut."

Zugegeben: Anfangs mag uns dieses Prozedere etwas umständlich und mühsam erscheinen, aber mit der Zeit werden Sie immer geübter darin werden, diese unwahren und nervigen Sätze in Ihrem Kopf aufzuspüren, zu packen und durch die Wahrheit zu ersetzen (oder zumindest zu relativieren). Irgendwann werden Sie dann gänzlich die Lust daran verlieren, sich selbst niederzumachen. Mit anderen Menschen reden Sie schließlich auch ermutigend und wertschätzend, warum also sollten Sie mit sich selbst anders umgehen?

Damit diese kleinen „Alltagswahrheiten" mehr und mehr Wurzeln in uns schlagen können, ist es hilfreich, den Boden unserer Seele ständig mit Grundwahrheiten über uns selbst zu versorgen. Grundwahrheiten, die Gott in unser Leben spricht. Ganz viele dieser Grundwahrheiten finden wir in der Bibel. Da sagt zum Beispiel einer der Psalmdichter: *Ich danke dir, dass du mich so wunderbar gestaltet hast. Ich weiß, staunenswert sind deine Werke!*

Wunderbar und staunenswert – damit sind Sie gemeint!

Hängen Sie sich diese Wahrheit an den PC, an die Pinnwand oder schreiben Sie diese Worte mit Ihrem schönsten Lippenstift an den Spiegel: *Wunderbar und staunenswert!*

Ich bin ich: Dieses Kapitel sollte Ihnen die Möglichkeit geben, sich ein wenig mit sich selbst zu beschäftigen und Ihnen Anregungen für einen guten Umgang mit der eigenen Person und dem Ihnen anvertrauten Leben geben. Anregungen, an denen Sie weiter entlangdenken und die Sie in den nächsten Wochen und Monaten vertiefen können.

Manche Gedanken sind Ihnen vielleicht sehr vertraut, anderes ist für Sie neu. Manches betrifft Sie gar nicht, bei anderen Punkten spüren Sie: Das ist genau mein Thema! Dann nehmen Sie sich diese Themen, die bei Ihnen etwas zum Schwingen gebracht haben, noch einmal vor und bearbeiten Sie diese weiter.

Machen Sie sich auf den Weg zu sich selbst und zu einem Leben im Einklang mit der Person, die Gott geschaffen hat und die er in Ihnen sieht. Es lohnt sich!

Brave Mädchen holt der Wolf

Immer nett und angepasst – muss das sein?

Wie lange ich lebe, liegt nicht in meiner Macht, dass ich aber,
solange ich lebe, wirklich lebe, das hängt von mir ab.

Lucius Annaeus Seneca

Wenn es bei uns zu Hause an der Tür schellt und ich erwarte weder meine Kinder noch Besuch von Freunden, Nachbarn oder Verwandten, dann bitte ich meistens meinen Mann nachzuschauen, wer da vor unserem Haus steht.

Ich bin nämlich das gefundene Fressen für jeden Vertreter, der mir irgendetwas andrehen will. Egal, ob es der nette Bofrostmann ist, der seine neusten tiefgekühlten Köstlichkeiten präsentieren möchte, der Staubsaugervertreter, der sein modernstes Modell auf meinem Teppich ausprobieren will oder der Zeitschriftenverkäufer, der mir irgendein unnützes Zeitschriftenabo andrehen möchte: Ich erliege ihnen allen! Ich kann nämlich so unglaublich schlecht Nein sagen, selbst dann, wenn ich eigentlich viel lieber Nein sagen würde oder auch Nein sagen müsste.

Am Anfang meiner Ehe hat das für reichlich Zündstoff gesorgt! In regelmäßigen Abständen musste ich meinem Mann beichten, dass ich mir mal wieder völlig überflüssige Putzlappen oder grauenhaft hässliche Grußkarten hatte aufschwatzen lassen. Eigentlich dienten sie keinem anderen Zweck, als von nun an in einer Schublade neben vielen anderen überflüssigen Putzlappen und grauenhaften Grußkarten ihr Dasein zu fristen, bis sie dann irgendwann alle miteinander in die Mülltonne wanderten. Dage-

gen konnte man die überflüssigen Zeitungsabos in der Regel wenigstens noch stornieren ...

Was mich tröstet, ist die Tatsache, dass es anscheinend auch
anderen Frauen oft schwerfällt, ihre Frau zu stehen. Neulich be-
suchte mich eine Freundin, die in diesem Moment alles andere
als glücklich war. Was war passiert? Sie war am Vormittag beim
Frisör gewesen und mit dem Ergebnis total unzufrieden. Ihrer
Meinung nach hatte die Friseuse die Haare viel zu kurz geschnit-
ten, obwohl meine Freundin anfangs deutlich gesagt hatte, sie
wolle ihre Haare wachsen lassen. Die neue Strähnchenfarbe sagte
ihr auch überhaupt nicht zu, und das Ganze hatte überdies noch
ein „Schweinegeld" gekostet. Die Gute jammerte und lamentierte
und meinte, dermaßen entstellt könne sie sich unmöglich in
der Öffentlichkeit blicken lassen, geschweige denn ihrem Mann
unter die Augen treten. Da ich befürchtete, sie würde mir gleich
noch in Tränen ausbrechen, nutzte ich die nächste Pause, in der
sie zwischen ihren Tiraden Luft holte, und fragte: „Sag mal, hast
du der Friseuse eigentlich gesagt, dass dir das Ganze überhaupt
nicht gefällt?" Sie hielt buchstäblich die Luft an, stutzte einen Augenblick und sagte dann: „Nein, das habe ich nicht getan." Ganz
perplex über ihr eigenes Verhalten fügte sie dann noch hinzu:
„Im Gegenteil: Als die mich am Ende fragte, ob ich zufrieden sei,
habe ich trotz dieser Scheußlichkeit auf meinem Kopf noch nett
gelächelt und gesagt: ‚Danke, alles bestens.' Ich hab mich einfach
nicht getraut zu sagen, was ich wirklich denke."

Ich würde mal sagen: Typisch Frau! Sicher gibt es, wie bei jedem Klischee, auch hier Ausnahmen, aber tatsächlich neigen besonders Frauen dazu, mit dem, was sie *eigentlich* denken, fühlen
und wollen, hinterm Berg zu halten und stattdessen einfach nur
... nett zu sein.

Der Wunsch, die Harmonie des Miteinanders nicht zu stören,
ist größer als der Wunsch, zu sich selbst zu stehen und für sich

einzutreten. Anstatt beides miteinander in Balance zu halten, fallen viele Frauen auf der einen Seite vom Pferd herunter und landen in einem Leben, in dem sie selbst – mit dem, was sie brauchen, wollen und wünschen – immer weniger vorkommen.

Dennoch: An einer netten, harmoniebedürftigen und anpassungsbereiten Frau ist zunächst einmal gar nichts auszusetzen. Störend wird es erst, und das vor allem für die Person selbst, wenn das kleine Wörtchen *zu* dabeisteht. *Zu* nett, *zu* brav, *zu* angepasst. Da ist etwas zu viel, und dieses zu viel schränkt unser Leben ein, hindert unsere Entwicklung, lässt unsere Persönlichkeit verkümmern und macht uns im Extrem vielleicht sogar krank. Hier eine kurze Definition der „zu netten Frau":

Die zu nette Frau versucht, es allen recht zu machen, ist aber nicht fähig, für ihr eigenes Recht und die Erfüllung ihrer eigenen Bedürfnisse zu sorgen. Sie hat ein übergroßes Einfühlungsvermögen in die Gefühle und Bedürfnisse anderer, aber eine mangelnde Einfühlung in die eigenen Wünsche. Ja, sie nimmt diese häufig noch nicht einmal wahr. Kümmert sie sich doch einmal um sich selbst, ist das gekoppelt mit starken Schuldgefühlen. Die zu nette Frau sagt Ja, wo sie eigentlich lieber Nein sagen würde (oder auch Nein sagen müsste). Aber sie ist unfähig, andere zu enttäuschen und versucht durch Überanpassung, es allen recht zu machen. Zwangsläufig wird sie mehr von anderen gelebt, als dass sie verantwortlich und souverän ihr eigenes Leben gestaltet.

Haben Sie sich beim Lesen dieser Definition an der einen oder anderen Stelle wiedererkannt? Ich selbst bin lange Zeit solch eine zu nette Frau gewesen und bin es hier und da sicher immer noch. Das macht auch nichts. Im Gegenteil: Vieles, was die zu nette Frau ausmacht, will ich mir ganz bewusst erhalten. Wie so oft kommt es auch hier auf die richtige Dosierung an. Wie so oft ist ein Zuviel schädlich, aber „ein bisschen" durchaus angebracht und hilfreich. Für mich ist es wichtig, dass sich dieses Zuviel, und damit auch die ungesunde Tendenz, langsam aus meinem Leben verabschiedet und sich meine Anpassungsbereitschaft und Harmoniebedürftigkeit auf ein gesundes Maß einpendeln. Im Gespräch mit vielen anderen Frauen habe ich festgestellt, dass es haufenweise dieser zu netten Frauen gibt, die an diesem Zustand leiden. Eine hat es einmal ganz drastisch so ausgedrückt: „Ich fühle mich wie jemand, der in einen Topf voller Blutegel gefallen ist (das sagte sie in Bezug auf ihre Familie und ihren Job). Alle saugen mich aus, alle wollen etwas von mir, nur für mich und von mir selbst bleibt kaum noch etwas übrig." Wer wollte auf Dauer so leben?

In einem bekannten Märchen der Gebrüder Grimm wird die Thematik der zu netten Frau auf eine ganz interessante und ursprünglich vielleicht gar nicht beabsichtigte Weise veranschaulicht.

In diesem Märchen geht es um ein Mädchen, das von seiner Mutter den Auftrag bekommt, die kranke Großmutter in ihrem Häuschen im Wald zu besuchen. Ausgestattet mit einer Fülle an Ermahnungen macht sie sich auf den Weg. Unterwegs begegnet ihr der Wolf, und Rotkäppchen, das ist natürlich der Name des Mädchens, lässt sich von ihm überreden, noch ein wenig beim Spiel in freier Natur zu verweilen. Der Wolf nutzt die Zeit, um der Großmutter einen Besuch abzustatten, frisst sie auf und legt sich dann, getarnt als eben diese Großmutter, in ihr Bett. Rotkäppchen trifft etwas verspätet ebenfalls im Waldhäuschen ein, wähnt die Großmutter dort und merkt erst viel zu spät, dass sie leider nicht von ihrer Oma, sondern vom Wolf erwartet wird. Der verschlingt nun auch das Rotkäppchen, und vollgefressen wie er ist, hält er erst einmal ein Verdauungsschläfchen. Von seinem Schnarchen angelockt, findet ihn der Jäger, der, das Schlimmste ahnend, dem Wolf den Bauch aufschlitzt. Großmutter und Rotkäppchen können noch gerettet werden, und gemeinsam versenken sie den Wolf, dem sie zuvor den Bauch mit schweren Steinen gefüllt hatten, in einem Brunnen.

Soweit die Geschichte. Anhand dieses Märchens möchte ich die Problematik der zu netten Frau gerne etwas konkretisieren. Denn Rotkäppchen weist in ihrem Reden und Verhalten etliche ganz typische Merkmale einer solchen auf. Zudem wird sehr schön deutlich, welche Methoden andere gebrauchen, um die zu nette Frau zu manipulieren, damit sie das tut, was die *anderen* wollen und wovon die *anderen* am meisten profitieren.

„Es war einmal eine kleine, süße Dirne, die hatte jedermann lieb, der sie nur ansah, am allerliebsten aber ihre Großmutter; die wusste gar nicht, was sie alles dem Kind geben sollte" – so beginnt das Märchen im Original.

Klein, süß, allseits beliebt! Seien Sie sich sicher, dass Rotkäppchen ein nettes, braves, wahrscheinlich oft auch sehr angepasstes Kind war. Sonst wäre die Großmutter nicht so begeistert von ihr gewesen. Kleine Schreihälse oder sich auf dem Boden herumrollende Monster stehen auf der Beliebtheitsskala von Großmüttern nämlich nicht so weit oben. Zicken, emanzipierte Furien und Kratzbürsten – die werden nicht unbedingt von allen gemocht. Dafür haben sie viel zu viele Ecken und Kanten, an denen andere sich stoßen. Nein, es sind die netten, oft überangepassten Frauen, die überall gerne gesehen werden, weil sie nie Nein sagen, weil sie dem anderen keinen Widerstand entgegensetzen und weil sie stets die Bedürfnisse anderer über die eigenen stellen. Von solch einem Wohlverhalten profitiert die ganze Umwelt. Wer sollte so jemanden also nicht mögen?

Die zu nette Frau hat sich mit diesem System arrangiert und zieht selbst einen gewissen Gewinn daraus. Das Zu-nett-Sein bringt ihr auch etwas ein. Nicht umsonst fällt es ihr so schwer, sich von diesem Verhaltensmuster zu verabschieden. Sie hat von Kind an gelernt: Wenn ich mich anpasse, wenn ich nett und immer lieb bin, wenn ich keine Widerworte gebe, sondern stattdessen Ja sage, dann mögen mich alle, und ich werde von den anderen geliebt. Dass das eine höchst fragwürdige Liebe ist, die gar nicht sie als Person, sondern vor allem ihr „pflegeleichtes" Verhalten meint, das merkt sie oft erst sehr viel später. Und die Entdeckung, dass sie selbst und ihre eigene Entwicklung auf der Strecke bleibt, weil sie in ihrem Denken und Verhalten ausschließlich auf andere konzentriert ist, braucht auch seine Zeit.

Die Großmutter, die unser Rotkäppchen so sehr ins Herz geschlossen hat, wird nun also krank. Das ruft die Mutter auf den Plan:

„Komm, Rotkäppchen, da hast du ein Stück Kuchen und eine Flasche Wein, bring das der Großmutter hinaus, sie ist krank und schwach und wird sich daran laben. Mach dich auf, bevor es heiß wird, und wenn du hinkommst, so geh hübsch sittsam und lauf nicht vom Wege ab, sonst fällst du und zerbrichst das Glas, und die Großmutter hat nichts. Und wenn du in die Stube kommst, so vergiss nicht Guten Morgen zu sagen, und guck nicht erst in allen Ecken herum."

Wie ein Maschinengewehr prasseln die Kommandos auf das Kind ein. Interessanterweise geht der Impuls, die Großmutter zu besuchen, nicht von dem Mädchen aus. Und das ist etwas ganz Typisches für die zu nette Frau: Die Impulse, etwas zu tun oder zu lassen, gehen nicht von ihr aus und kommen nicht aus ihrem Inneren, sondern sie kommen von außen. Andere schreiben das Drehbuch ihres Lebens, nicht sie selbst. Rotkäppchen hätte ja auch von sich aus sagen können: „Ich möchte heute mal die Oma besuchen." Aber das tut sie nicht. Wahrscheinlich hatte sie gar keine Möglichkeit, eigene Ideen zu entfalten und zu formulieren, was *sie* denn eigentlich gerne machen würde.

Die zu nette Frau ist so damit beschäftigt, Außenimpulsen zu gehorchen, dass sie gar nichts Eigenes entwickelt. Häufig ist das die Folge einer stark lenkenden Erziehung, wie sie hier im

Märchen seitens der Mutter vorzufinden ist. Man könnte meinen, wir geben Kindern heutzutage mehr Raum zur Mitbestimmung und Selbstentfaltung. Aber auch heute werden Kinder häufig stark dazu angeleitet, Außenimpulse umzusetzen, statt kreativ etwas Eigenes zu entwickeln. Deswegen ist es äußerst fragwürdig, wenn schon kleine Kinder die ganze Woche, rund um die Uhr verplant sind. Montagnachmittags gibt's Turnunterricht, Ballettstunden oder Sport im Verein, Dienstagnachmittag ist der Flötenunterricht dran, Mittwochnachmittag kommt der Nachhilfelehrer, Donnerstagnachmittag findet die Jungschargruppe oder der Kommunionunterricht in der Kirche statt und Freitagnachmittag ist, nach dieser anstrengenden Woche, das therapeutische Reiten fällig. Samstags muss das Zimmer aufgeräumt und eingekauft werden, und der Besuch beim getrennt lebenden Vater steht an. Am Sonntag sind dann noch der Omabesuch, das wöchentliche Fußballspiel und, zumindest hin und wieder, der Kirchgang fällig. Das Leben in einem Hamsterrad ist die reinste Entspannung dagegen!

Sicher geschieht all das mit den besten Absichten. Dennoch werden bei solch einer Lebensführung fast ausschließlich Fremdimpulse umgesetzt. Bei dieser ganzen Umtriebigkeit bleibt gar keine Zeit, einen ganzen Nachmittag einfach mal nur rumzuhängen oder vor sich hin zu spielen. Da ist gar kein Raum, mal richtig runterzukommen und sich vielleicht auch einmal gehörig zu langweilen. Das wäre aber nötig, um zu eigenen Ideen und Impulsen zu finden, wie das Leben gestaltet werden könnte.

Vielleicht hatte Rotkäppchen ja auch gar keine Lust, die Großmutter zu besuchen. Es wird ja zu Beginn des Märchens an keiner Stelle gesagt, dass diese etwas massiv und erdrückend anmutende Liebe der Großmutter auch auf Gegenliebe stößt. Möglicherweise war Rotkäppchen ganz froh, dass die Oma mal für ein paar Tage in ihrem Häuschen im Wald schachmatt gesetzt war und nicht dauernd um sie herumscharwenzelte. Wir wissen es nicht. Fest steht, dass für ein „Ich will das nicht" und ein „Ich möchte das jetzt nicht machen" ganz sicher kein Raum war.

Und so antwortet Rotkäppchen ihrer Mutter: *„Ich will schon alles gut machen."* Ich will alles richtig machen! Das ist der Antrieb der zu netten Frau. Bloß niemanden verärgern und bloß nicht den Verdruss oder den Unmut anderer auf sich ziehen.

Da wird dann dieses oder jenes Kleidungsstück, das man selbst vielleicht ganz peppig findet, nicht gekauft, weil die Kolleginnen einen schief angucken könnten, wenn man mit solch einem „Fummel" herumläuft – und das in *dem* Alter.

Da liegt man samstags nicht bis elf im Bett und sitzt dann noch bis um eins im Schlafanzug am Frühstückstisch, denn: „Was sollen denn die Nachbarn denken oder die Schwiegermutter, die zu dieser Zeit öfter mal unangemeldet hereinschneit!"

Eine Freundin von mir sagte neulich Folgendes zu mir: „Weißt du, was ich gestern Verrücktes gemacht habe? Ich hab mich an diesem ersten warmen Frühlingstag vormittags auf meinem Liegestuhl in die Sonne gesetzt und zwei Stunden nur gelesen. Das habe ich noch nie gemacht! Meine Mutter wohnt mit im Haus, und die arbeitet rund um die Uhr – irgendwas hat die immer zu tun. Nur herumsitzen gibt's einfach nicht! Wenn *ich* das dann tue, komme ich mir ganz schlecht und faul vor. Während ich dasaß, habe ich die ganze Zeit gedacht, dass ich mitten in der Woche an einem Arbeitstag nicht stundenlang auf einem Liegestuhl liegen und in einem Buch schmökern *darf*. Das tut man einfach nicht! Und der alles beherrschende Gedanke war: Was soll denn meine Mutter von mir denken!"

Man tut dieses nicht und man tut jenes nicht! Aber keinesfalls, weil man selbst diese Entscheidung getroffen hat, sondern weil man den Mitmenschen gefallen möchte und unter allen Umständen vermeiden will, dass sie schlecht von einem denken.

Rotkäppchen macht sich nun also auf den Weg Richtung Großmutter und trifft im Wald auf den Wolf:

„Wie nun Rotkäppchen in den Wald kam, begegnete ihm der Wolf.
Sie wusste aber nicht, was das für ein böses Tier war und fürchtete sich
nicht vor ihm."

Am liebsten würde man sagen: „Mensch, Kind, wie blöd muss
man eigentlich sein? Der Wolf ist das Hinterhältige, Gemeine
und Böse schlechthin – und du merkst das nicht?" Selbst die kleinen Babyziegen in dem Märchen „Vom Wolf und die sieben Geiß-
lein" wissen schon, was ein Wolf ist. Und der muss sich mäch-
tig anstrengen, um sich zu verstellen, damit die kleinen Ziegen
ihn schließlich doch hereinlassen. „Und du, Rotkäppchen, weißt
nicht, was ein Wolf ist, obwohl er leibhaftig vor dir steht?"

Aber dieses Verhalten ist ganz symptomatisch für die zu nette
Frau! Die zu nette Frau ist eine zutiefst instinktverletzte Frau. Die
gesunde Wahrnehmung, dass da etwas schlecht und schädlich für
sie ist und sie deswegen die Finger davon lassen muss, existiert
bei ihr nicht oder nicht mehr. Sie ist gutgläubig, leichtgläubig und
hat nicht gelernt (oder hat es wieder verlernt), die eigenen Impulse wahrzunehmen und dann auch adäquat zu reagieren. Die
Alarmglocken können noch so laut schrillen, sie hört sie einfach
nicht.

Diese Instinktverletzung trifft man besonders bei Frauen an,
in deren Familien Suchtmittelmissbrauch, Gewalt oder sexuel-
ler Missbrauch an der Tagesordnung waren oder sind. Oder bei
Frauen, die Familien entstammen, in denen andere Familienge-
heimnisse streng gehütet wurden.

In solchen dysfunktionalen Familien und Beziehungen wird
einem Kind oder der Frau über Jahre hinweg die Botschaft eingetrichtert: „Das, was du hier in unserer Familie siehst, hörst
und erlebst, das ist nicht das, wonach es aussieht! In Wirklichkeit ist alles ganz anders. Denk nicht mal dran, irgendetwas da-

von ‚da draußen' zu erzählen, denn dann verbreitest du Lügen und bringst Schande über uns. Weil das alles Lügen sind, wird dir aber sowieso niemand glauben." Mit solchen Botschaften geimpft traut ein Mensch der eigenen Wahrnehmung irgendwann nicht mehr, geschweige denn, dass er danach handelt. Wir haben so etwas wie eine Störung auf unserem Radarschirm und können das Böse nicht mehr identifizieren. Und das Böse ist ja nicht immer, wie hier in dem Märchen, personifiziert. Es können Lebensumstände sein, die uns zu schaffen machen, übermäßig viel Stress, eine ungesunde Beziehung oder ein zermürbendes Arbeitsklima. Die zu nette Frau neigt dazu, diese Missstände zu verleugnen, sie schönzureden oder sich mit ihnen zu arrangieren.

So, wie Rotkäppchen es hier tut. Anstatt so schnell wie möglich Reißaus zu nehmen, hält das Mädchen noch ein nettes Schwätzchen mit dem Wolf. Sie ist höflich, freundlich und zuvorkommend – selbst noch zu ihrem ärgsten Feind, der nichts anderes im Sinn hat, als ihr Schaden zuzufügen.

Der Wolf, nicht dumm, denkt sich: „So, jetzt wird es Zeit, die Daumenschrauben mal ein bisschen anzuziehen", und sagt:

„Rotkäppchen, sieh einmal die schönen Blumen, die rings umher stehen, warum guckst du dich nicht um? Ich glaube, du hörst gar nicht, wie die Vöglein so lieblich singen! Du gehst ja für dich hin, als wenn du zur Schule gingst, und ist so lustig draußen in dem Wald."

Hören Sie den leichten Tadel, der in der Stimme mitschwingt? „Also wirklich! Du läufst, als gingest du zur Schule. Wie langweilig ist das denn!"

Ein leicht tadelnder Unterton und ein missbilligendes Stirnrunzeln reichen, um die zu nette Frau zu verunsichern und sie für die eigenen Pläne gefügig zu machen. Denn dass jemand mit ihrem Verhalten nicht einverstanden ist, das kann sie nur ganz schwer aushalten. Der Wolf, nicht dumm, weiß das auch, macht ein bisschen Druck, und schon gibt Rotkäppchen nach.

Das, was sie eigentlich vorgehabt hatte zu tun, nämlich schnurstracks zur Großmutter zu laufen, tut sie nicht. Im Grunde weiß sie gar nicht genau, was sie will. Die Mutter hatte ihre Anweisungen, und Rotkäppchen wollte im Sinne der Mutter alles gut machen. Dann kam der Wolf mit seinen Anweisungen, und auch ihm will sie gefallen und in *seinen* Augen gut dastehen. Was sie selbst will, ist ihr scheinbar überhaupt nicht klar. Und so wird Rotkäppchen im höchsten Maße manipulierbar und leicht zu beeinflussen.

Als das Mädchen nun nachgibt und tatsächlich noch etwas länger im Wald verweilt, macht ihr das ein schlechtes Gewissen. Kein Wunder, denn sie hat ja noch die mahnende Stimme der Mutter im Hinterkopf. Weil sie sich aber nicht getraut aufzubegehren – weder gegen den einen, noch gegen den anderen – und eine eigenverantwortliche Entscheidung zu treffen, dreht sie das Ganze so, dass es zu einer wohltätigen Aktion wird. Sie sagt:

„Wenn ich der Großmutter einen frischen Strauß mitbringe, der wird ihr auch Freude machen; es ist so früh am Tag, dass ich doch zu rechter Zeit ankomme."

Frei nach dem Motto: Das Ganze hier tue ich eigentlich nur für die Großmutter! Damit verankert sie den Grund ihrer Entscheidung wieder außerhalb ihrer selbst und nicht in ihren eigenen Wünschen und Bedürfnissen. Das zu tun, hieße Verantwortung zu übernehmen, und das will oder kann Rotkäppchen nicht.

Wer die Verantwortung für sich und seine Entscheidungen nicht übernimmt, wird die Ursachen und Gründe für das eigene Verhalten, für Schwierigkeiten und Probleme immer in anderen oder in den Umständen suchen. Mal ist der Partner der Verursacher, mal sind die Kinder schuld, die Eltern haben sowieso alles falsch gemacht, und das Leben spielt einem grundsätzlich übel mit. Dieses Denken mag zunächst einmal sehr bequem und angenehm sein, entpuppt sich bei genauerem Hinsehen aber als

Falle. Denn wer so denkt und handelt, der macht sich zum Opfer, wird immer passiver und gibt die Möglichkeit, selbstbestimmt das Leben zu gestalten, aus der Hand. Wenn *andere* unser Tun und Lassen bestimmen, haben wir selbst nur wenige Einflussmöglichkeiten. Gestalten, verändern und korrigieren können wir unser Leben nur, wenn wir auch die Verantwortung für uns und das Leben, das uns anvertraut wurde, übernehmen.

Die Geschichte spitzt sich weiter zu. Rotkäppchen wird in ihrer Arglosigkeit und Distanzlosigkeit vom Wolf komplett über den Tisch gezogen und landet in seinem Bauch. Von ihr ist nichts mehr übrig geblieben. Das ist ein Punkt, an dem so manch eine zu nette Frau landet und vielleicht auch landen muss. An diesem absoluten Tiefpunkt angekommen, empfindet die zu nette Frau, dass sie sich geradezu in einem Stadium der Selbstauflösung befindet und ihre Konturen total verloren hat. Das dunkle Loch, die tiefe Depression, Angstzustände, Essstörungen, Medikamenten- oder Alkoholsucht und psychosomatische Störungen sind häufig Begleiterscheinungen, wenn wir den Kontakt zu uns selbst verloren haben. Aber nicht selten ist dieser Tiefpunkt gleichzeitig Wendepunkt in unserem Leben und der Start in einen Veränderungs- und Heilungsprozess.

Nach der Rettungsaktion des Jägers sagt Rotkäppchen: „Ach, wie war ich erschrocken!" Dieser heilsame Schreck, wenn wir ganz unten angekommen sind, ist manchmal nötig, damit wir endlich aufwachen. Denn nach diesem Schock, nach dieser dunklen, erschreckenden Erfahrung, macht Rotkäppchen eine bemerkenswerte Aussage. Sie sagt zu sich selbst: „Du willst ...". Sie trifft eine Entscheidung. In diesem Fall trifft sie die Entscheidung, fortan der Mutter zu gehorchen. Aber es ist *ihre* Entscheidung, die sie aufgrund der Summe der gemachten Erfahrungen trifft. Sie ist nicht mehr fremdbestimmt, sondern übernimmt Verantwortung.

Wenn wir die zu nette Frau ablegen wollen, bedeutet das nicht zwangsläufig, dass wir von Stund an alles anders machen müssen, nun den großen Rebellen geben, ständig aufmucken und womöglich alle um uns herum vor den Kopf stoßen. Es geht vor allem darum, dass wir bewusste Entscheidungen treffen und Verantwortung dafür übernehmen, wie wir leben. Das kann bedeuten, dass wir aus Altem ausbrechen und etwas ganz Neues tun, kann aber auch heißen, dass wir zu Altem zurückkehren. So, wie Rotkäppchen es hier tut. Aber jetzt geschieht das nicht mehr aus einer Opferhaltung, sondern aus einer bewussten, klaren, verantwortlichen Entscheidung heraus. Ich will!

Haben Sie sich an der einen oder anderen Stelle in dieser zu netten Frau wiedergefunden? Wenn ja, dann fragen Sie sich nun vielleicht: „Wo kann ich denn ansetzen, damit sich in meinem Leben etwas ändert?"

Wie bei jedem Veränderungsprozess ist es auch hier hilfreich, ein Ziel zu formulieren, auf das wir zusteuern wollen. Ich würde das Ziel, die Richtung, wie folgt benennen: *„Die gesunde, nette Frau ist warmherzig und teilnahmsvoll und tritt doch bestimmt auf. Sie kennt ihre eigenen Grenzen und lehrt sich und andere, diese Grenzen zu respektieren. Sie hat ein starkes Selbstwertgefühl und nimmt es mit Humor und Gelassenheit hin, wenn andere mit ihrem Denken und Handeln mal nicht einverstanden sind (ohne sich grundsätzlich gegen Korrektur zu verschließen). Sie nimmt sich selbst, ihre eigenen Bedürfnisse, ihre Fähigkeiten und Begabungen wahr und schafft in sich selbst und in ihrem Umfeld dafür weiten Raum. Sie fühlt sich nicht als Opfer der Geschehnisse, sondern sorgt gut für sich und übernimmt die volle Verantwortung für ihr Leben."*

Im Folgenden finden Sie einige Denkanstöße, wie Sie diesem Ziel etwas näher kommen können.

Geben Sie sich die Erlaubnis zur Veränderung!

Wenn wir innerlich nicht wirklich von der Richtigkeit eines Veränderungsprozesses überzeugt sind, sabotieren wir uns permanent selbst. Wir bremsen uns bei jedem neuen Schritt selbst aus und fragen bang und voller Unsicherheit, ob das, was wir da vorhaben, denn wirklich gut und zielführend ist. Deswegen ist es so wichtig, dass wir überzeugt davon sind, dass wir uns von der zu netten Frau hin zu einer gesunden Frau entwickeln *dürfen*.

Gerade hier hat die zu nette Frau große Probleme. Sie meint, sie dürfe nicht stärker auf die eigenen Bedürfnisse schauen, besser für sich selbst sorgen und auch mal Nein zu den Erwartungen und Ansprüchen anderer sagen. Denn das sei egoistisch, selbstbezogen und rieche nach egozentrischer Selbstverwirklichung. Es scheint so, als flüstere eine innere Stimme ihr permanent zu: „Das darfst du nicht!"

Wenn Sie Christ sind und in einer Kirche oder Gemeinde mit entsprechender Prägung groß geworden sind, wird der Widerstand gegen solch einen Veränderungsprozess in Ihnen möglicherweise besonders stark sein. Denn der christliche Glaube und die christliche Lehre scheinen das Denken der zu netten Frau geradezu zu fördern und zu unterstützen. Heißt es nicht gerade in der Bibel, wir sollen den anderen höher achten als uns selbst? Steht da nicht, dass wir selbstlos sein, einander dienen und für andere da sein sollen?

An diesen Gedanken habe ich lange Zeit zu knacken gehabt. Für mich war klar, dass ich mich verändern und die ungesunden Tendenzen aus meinem Leben rausschmeißen wollte. Aber ich war nicht bereit und willens, meinen Glauben und meine Beziehung zu Gott mit über Bord zu werfen. Dafür war dieser Gott für mich viel zu wichtig geworden. Dafür war zwischen ihm und mir viel zu viel passiert und gewachsen. Ich wusste, Gott ist real und

Jesus, der Sohn Gottes, lebt. Diesen Jesus konnte und wollte ich nicht wieder aus meinem Leben ausquartieren.

Aber es wollte mir nicht in den Kopf, dass dieser Jesus, der die Liebe Gottes in Person war und ist, der Menschen geheilt und uns vorgelebt hat, wie ein gutes, gesundes Menschsein aussehen kann, dass dieser Jesus irgendetwas von mir einfordert, was mich verbiegt oder sogar krank macht. Und so habe ich mir meine Bibel geschnappt und das Reden und Handeln von diesem Jesus noch einmal unter die Lupe genommen. Und zwar ganz gezielt unter der Fragestellung: „Wie brav, wie angepasst, wie lieb und grenzenlos nett waren denn dieser Jesus und seine Leute?" Ich muss gestehen: Ich hatte ein komplett falsches Bild im Kopf!

Ich bin selten einem Menschen begegnet, der so gradlinig, so klar, so aufrecht, so völlig unabhängig von Menschen und ihren Meinungen über ihn lebte wie Jesus, der Sohn Gottes. Er hatte eine innere Souveränität, über die ich immer wieder nur staunen kann. Seine absolute Hingabe an die Menschen, die ihren Höhepunkt in seinem Sterben für uns fand, geschah nicht, weil er dazu gezwungen wurde und weil ihm nichts anderes übrig blieb. Diesen Schritt tat er nicht mit Bitterkeit und versteckter Wut im Herzen. Nein, diese Entscheidung hat er bewusst, in Freiheit und voller Liebe getroffen.

Und so habe ich gerade bei diesem Jesus gelernt, Position zu beziehen, klare Ansagen zu machen und im Hören auf Gott meinen eigenen Weg zu gehen. Bei ihm habe ich mir abgeschaut, wie es denn gehen kann, ganz für andere da zu sein und trotzdem bei mir selbst zu bleiben, mich ganz zu verschenken und mich trotzdem nicht zu verlieren. Bei ihm habe ich gesehen, wie man Liebe geben und trotzdem Grenzen ziehen kann. Und bei ihm konnte ich beobachten, wie man andere wahrnimmt und ihre Bedürfnisse berücksichtigt – und trotzdem gut für sich selbst sorgt und sich nicht vernachlässigt.

Ich habe gelernt: Christ sein ist nicht identisch mit zu nett sein, und deswegen *darf* ich mich getrost von der zu netten Frau verabschieden!

Gehen Sie kleine, konkrete Schritte

Wenn wir uns verändern wollen, müssen wir üben. Die Veränderung von tief sitzenden Denk- und Verhaltensmustern fällt in der Regel nicht vom Himmel, sondern wird in tausend kleinen Schrittchen, die konkret und konsequent gegangen werden, erreicht. Von „Man müsste mal" oder „Man sollte mal" hat sich noch nie etwas geändert!

Wie oft habe ich schon von zu netten Frauen gehört: „Sie haben ja so recht! Ich müsste mal öfters Nein sagen und mich nicht immer und überall einspannen lassen." Oder: „Ich müsste mal häufiger etwas tun, was mir guttut. Mir mehr Zeit nehmen für Menschen und Tätigkeiten, durch die ich auftanken kann." Oder: „Ich müsste mir mal mehr Auszeiten gönnen, damit ich nicht immer so gehetzt durch den Alltag galoppiere."

Aber dann bleibt es bei diesem „Man müsste mal" und „Man sollte mal". Verändert hat sich jedoch nichts, und Impulse, die uns zu mehr Lebensqualität verhelfen könnten, verpuffen und bleiben ohne Wirkung.

Wählen Sie *einen* Punkt aus Ihrem Leben aus, an dem Sie Ihre überzogene Anpassung und Nettigkeit loswerden wollen. Z.B. in Ihrer Familie – im Umgang mit Ihrem Partner oder den Kindern gegenüber –, an Ihrem Arbeitsplatz oder in Ihrem Freundeskreis. Suchen Sie sich da wiederum *eine* Situation heraus, in der es Ihnen immer wieder passiert, dass Sie über den Tisch gezogen werden. Und fangen Sie an dieser einen Stelle an, das Nein-Sagen oder Durchsetzen Ihrer eigenen Belange zu üben. Achten Sie darauf, dass Sie sich nicht überfordern und zu viele Baustellen auf einmal aufmachen! Das führt zu unnötigen Frustrationen.

Bündeln Sie Ihre Kraft lieber, und fokussieren Sie diese Energie auf *ein* Thema in Ihrem Leben. Und da fangen Sie an: beharrlich und konsequent. Das Einüben von Durchsetzungskraft, Standfestigkeit und Mut zum Widerstand ist für die zu nette Frau schon schwer genug. Sie müssen sich ja nun Ihre eingeübte Opferrolle wieder abtrainieren und verantwortlich Ihr Leben in die Hand nehmen. Jammern, Klagen und das Verharren in einer passiven Opferrolle gehörten bis jetzt untrennbar zu Ihnen. Nun sollen Sie plötzlich aktiv werden. Das ist nicht leicht. Deswegen sollten Sie sich selbst nicht zu viel auf einmal abverlangen!

Dazu gehört, dass Sie nicht zu hart mit sich selbst ins Gericht gehen, wenn Ihnen manches anfangs nicht gelingt oder Sie noch nicht das richtige Maß der Abgrenzung sowie den richtigen Ton im Umgang mit den „Wölfen" Ihres Lebens finden. Laufen zu lernen beinhaltet auch immer hinfallen, aufgeschlagene Knie, Beulen am Kopf, sich wieder aufrappeln und weiterüben!

Bei dem Thema „Konkrete Schritte" geht es nicht nur darum, altes Verhalten abzulegen und zu unterlassen, sondern stattdessen neue, konstruktive Verhaltensmuster zu finden und einzuüben. Dafür ist es hilfreich, sich einige Fragen zu beantworten:

Wer bin ich eigentlich und was brauche ich, damit ich mich in meinem Leben (wieder) wohl fühle? Welche Anteile meiner Person, die untrennbar zu mir gehören, habe ich bis jetzt ausgeblendet, habe sie ignoriert und ihnen regelrecht verboten zu leben? Welche Gaben und Fähigkeiten hat Gott in mich hineingelegt, die ich noch gar nicht entdeckt, geschweige denn zur Entfaltung gebracht habe?

Nehmen Sie sich Zeit zu erforschen, wer Sie eigentlich sind, was alles in Ihnen steckt, und machen Sie sich auf die Suche nach dem, was zu Ihnen passt.

Und auch hier geht es wieder darum, nicht in einem „Man sollte mal" oder „Man müsste mal" steckenzubleiben, sondern

diese Träume, Wünsche, Sehnsüchte und Bedürfnisse in den Alltag hineinzuholen und hier in kleinen, konkreten Schritten umzusetzen.

Machen Sie sich auf Widerstand gefasst

Wenn Sie beginnen sich zu verändern, dann passiert etwas,
womit die meisten nicht rechnen: Sie bekommen Widerstand!
Und zwar von innen, von sich selbst, und von außen, von den
anderen.

Beschreiten wir neue Wege, fühlen wir uns erst einmal unwohl
in unserer Haut. Das ist ganz normal. Wir handeln ja nun in einer Weise, welche allem Gewohnten, uns Vertrautem, total zuwi-
der läuft. Wenn Sie sich erstmals trauen, sich anderen Menschen
zu widersetzen, Nein zu sagen und Grenzen zu ziehen, werden
Sie sich, das garantiere ich Ihnen, erst einmal hundsmiserabel
fühlen. Das alte Verhalten ist ganz tief in Ihnen eingeprägt; wenn
Sie da nun ausbrechen, fühlen Sie sich wahrscheinlich erst einmal schlecht und schuldig. Die Rolle der zu netten Frau hat Ihnen
ja auch eine Menge gegeben: das Wohlwollen anderer, ihre Anerkennung und Streicheleinheiten. Im Jasagen und Erfüllen der
Erwartungen anderer haben Sie bisher Ihre Identität verankert,
und es fühlte sich „richtig" an, so zu handeln. Nein zu sagen und
Grenzen zu setzen fühlt sich dagegen erst einmal „falsch" an. All
die Stimmen derer, die Sie geprägt haben, werden sich in Ihnen
wieder zu Wort melden und mit ihrem „Das darfst du nicht" los-
meckern und tiefste Schuldgefühle in Ihnen wecken.

An dieser Stelle haben wir in uns den Drang, alte Verhaltensmuster wieder herzustellen, einfach, weil sie uns vertraut sind
und wir uns in ihnen sicher und „richtig" gefühlt haben. Und das,
obwohl wir um die Schädlichkeit dieser unguten Prägung wissen.
Dennoch: Es scheint uns zu mühsam und zu anstrengend, uns
gegen all das Alte in uns zur Wehr zu setzen – da lassen wir dann

doch lieber alles so, wie es ist. Es ist fatal, wie viel begonnene Veränderung wir wieder einstellen, weil wir an diesem Punkt hängen bleiben und uns von Vertrautem, sei es noch so schlimm und zerstörerisch, nicht lösen können.

Aber auch von außen werden Sie Widerstand erleben. Glauben Sie nicht, dass die Menschen um Sie herum unbedingt mit Begeisterung auf Ihre Veränderung reagieren. Dafür haben die anderen von Ihrem Wohlverhalten viel zu viel profitiert.

Wir alle leben in irgendeinem System bzw. in verschiedenen Systemen. Viele von uns leben im System Partnerschaft oder im System Familie. Aber darüber hinaus bilden wir auch mit unseren Freunden, mit unseren Kollegen am Arbeitsplatz, mit Menschen in der Nachbarschaft, im Verein oder in der Kirchengemeinde ein System.

In all diesen Systemen funktionieren wir miteinander. Wie bei einem Paartanz führt der Schritt, die Aktion des einen zu einer Reaktion des anderen, was wiederum ein entsprechendes Verhalten des Gegenübers nach sich zieht.

In der Partnerschaft kann man das häufig sehr gut beobachten. Da ist beispielsweise ein sehr nüchterner, sachlicher und wortkarger Mann mit einer quirligen, sehr emotionalen und kommunikativen Frau verheiratet. Besonders in Konfliktsituationen redet die Frau wie ein Wasserfall und bringt ihre ganzen Gefühle tränenreich zum Ausdruck. Je emotionaler die Frau wird, umso sachlicher und ruhiger wird der Mann, was die Wogen bei der Frau noch höher schlagen lässt, denn sie kann nicht verstehen, wie man so kalt und gefühllos mit dieser Situation umgehen kann. Die Frau wird immer hysterischer, der Mann immer kühler und distanzierter. Ein perfekt eingespieltes System, in dem jeder seine feste Rolle hat, aus der er auch nicht ohne Weiteres aussteigen kann. Auch mit unseren Kindern bilden wir häufig solche Systeme mit wechselseitigen Aktionen und Reaktionen. Wenn Sie etwa Ihren heranwachsenden Kindern alles abnehmen, bleiben diese unselbstständig und übernehmen keine Verantwortung für den Verlauf ihres Lebens. Je passiver die Kinder sind und umso mehr sie sich hängen lassen, desto stärker wird Ihre Überfürsorglichkeit angestachelt. Um den Kindern die negativen Konsequenzen zu ersparen, werden Sie sich noch mehr um alles kümmern, was Ihre Kinder wiederum noch inaktiver und untätiger werden lässt. Wieder ein perfektes System, in dem einer vom Verhalten des anderen „profitiert".

Als zu nette Frau werden Sie in vielen solchen Systemen leben, in denen andere von Ihrem „Zu-nett-Sein" profitieren und Sie durch Ihr angepasstes Verhalten die Grenzüberschreitung Ihrer Mitmenschen geradezu herausfordern. Wenn Sie da nun aussteigen, weil Sie erkennen, dass Ihr Wohlverhalten für alle Beteiligten nur schädlich ist, dann fühlen nicht nur Sie selbst sich mit Ihrem neuen Verhalten in Ihrer Haut unwohl, sondern auch Ihre Mitmenschen finden das „komisch" und sind durch Ihre Veränderung äußerst verunsichert. Und Sie können sich sicher sein, dass Ihre Gegenüber mit aller Macht versuchen werden, Sie in Ihre alte Rolle zurückzudrängen. Denn auch die anderen wollen so schnell wie möglich das Vertraute wiederherstellen. Um das zu erreichen, werden sie mit Unverständnis reagieren, werden nörgeln, quengeln, beleidigt sein oder mit offener Aggression reagieren. Mit all dem wird versucht, Druck auf Sie auszuüben, Schuldgefühle zu wecken und Sie auf diesem Weg an Ihren alten Platz zurückzupfeifen. Wenn Sie eine zu nette Frau sind, dann werden Sie sich an dieser Stelle erst einmal schlecht fühlen. Denn jetzt ist genau das eingetreten, wovor Sie sich am meisten fürchten: Man lehnt Sie ab, man ist nicht einverstanden mit Ihnen, man entzieht Ihnen das Wohlwollen, und Sie fühlen sich schuldig, weil Sie jemand anderen in eine für ihn schwierige Situation gebracht haben, mit der er jetzt klarkommen muss.

Glauben Sie mir, der einzige Weg, diesen Widerstand zu überwinden, heißt, um diese Abläufe zu wissen und sie ... auszuhalten. Diesen Widerstand können Sie nur überwinden, indem Sie
beharrlich an dem von Ihnen einmal eingeschlagenen Weg festhalten. Wenn Sie kleine Schritte in Sachen Veränderung gehen,
besteht die Hoffnung, dass diese Widerstände relativ gering sind,
weil sowohl Sie selbst als auch die anderen genügend Zeit haben,
sich an etwas Neues zu gewöhnen und Verändertes einzuüben.
Aber ganz ausbleiben wird der Widerstand nicht.

Gehen Sie vorbereitet in Situationen

Wollen wir alte, zerstörerische Verhaltensmuster ablegen, ist
es hilfreich, vorbereitet in knifflige Situationen hineinzugehen.
Spontan und aus dem Bauch heraus bedient sich unsere Seele
zunächst immer der vertrauten Vorgehensweisen und Verhaltens-
mechanismen. Wir können dem aber entgegenwirken, indem wir
uns im Vorhinein mit Situationen auseinandersetzen, die auf uns
zukommen. Das ist sicher nicht immer möglich, weil wir im Alltag häufig herausgefordert sind, schnell und spontan zu reagieren
und zu handeln. Meistens bleibt da gar keine Zeit, die Situation
zu reflektieren und ein neues Reaktionsmuster zu „installieren".
Aber es gibt in unserem Leben durchaus so manche Situation, in
die wir nicht einfach hineinschliddern, sondern auf die wir sehr
bewusst zugehen. Hier können wir ein neues Verhalten einüben.
Der Trainingseffekt wird sich dann nach und nach ausweiten und
auch in den „Spontansituationen" greifen.

Hier ein kleines, aber ganz typisches Beispiel: An einem der
nächsten Abende findet ein Mitarbeiterabend in Ihrer Firma,
Ihrem Verein, in Ihrer Kirchengemeinde oder im Kindergarten
bzw. in der Schule Ihrer Kinder statt. An diesem Abend wird ein
anstehendes Fest geplant, für das natürlich jede Menge Mitarbeiter gesucht werden. Für die zu nette Frau ist das eine ganz typi-

sche Situation, die für sie zur Falle werden kann, weil sie sich so schlecht abgrenzen kann und sich ungeheuer schwer damit tut, Nein zu sagen. Am Ende dieses Abends haben Sie dann zugesagt, zwei Kuchen zu backen, drei Stunden am Verkaufstisch mit dem Trödel zu stehen, die Tombola zu betreuen und nach der Veranstaltung noch bis Mitternacht beim Aufräumen zu helfen.

Das an sich ist nichts Schlechtes. Im Gegenteil: Hilfsbereitschaft und Einsatzwille sind etwas sehr Gutes, eine Tugend, die das Miteinander bereichert und in der heutigen Gesellschaft mehr denn je vonnöten ist. Das Schlechte an dieser Situation ist, dass die zu nette Frau ihre Entscheidung, in diesem Ausmaß zu helfen, nicht aus freien Stücken getroffen hat. Sie hat (mal wieder) einfach nur zu nachgiebig auf das Drängen anderer reagiert.

Und wie das geht, das kennen Sie wahrscheinlich aus Ihrer Erfahrung nur allzu gut: „Wie jetzt, Bekki, du willst nicht mithelfen, den Trödel zu verkaufen? Aber letztes Jahr warst du doch auch dabei! Ich finde, du hast da echt ein Händchen für – die Sachen gingen alle weg wie warme Semmeln! Du kannst uns dieses Jahr unmöglich im Stich lassen!"

„Nur einen Kuchen? Na hör mal, deine Himbeersahnetorte ist doch sooo köstlich – die musst du unbedingt auch noch machen!"

Ein bisschen Schmeichelei, kombiniert mit subtilem Druck, und schon gibt die zu nette Frau nach und kippt um. Hinterher aber, nach getaner Arbeit, fühlt sie sich überfordert, ausgelaugt, erschöpft und ist möglicherweise total wütend auf all die Menschen, die ständig etwas von ihr wollen und sie nicht in Ruhe lassen. Damit macht sie *andere* dafür verantwortlich, dass ihr alles zu viel wird. Dabei hat *sie sich* zum Opfer gemacht, denn sie hat nicht verantwortlich und gemäß ihrer eigenen Möglichkeiten und Grenzen gehandelt, sondern hat ausschließlich fremdbestimmt reagiert und sich selbst damit total überfordert.

So etwas wird uns immer wieder passieren. Aber die hier ge-
schilderte Situation überrollt uns ja nicht einfach, sondern lässt
genug Luft, uns vorzubereiten.

Etwa so: In dieser Woche bin ich auf einem Meeting, bei dem
ein Fest geplant wird und zur Durchführung sicher jede Menge
Mitarbeiter gesucht werden. Weil ich weiß, dass ich schlecht Nein
sagen kann, überlege ich *vorher* und in aller Ruhe, ob und wie ich
mich einbringen möchte. Ich schaue in meinen Terminkalender,
ob ich an dem besagten Wochenende überhaupt noch Kapazitä-
ten freihabe und überlege mir, was ich bei diesem Fest gerne tun
möchte. Ich überlege nicht, was *andere* von mir erwarten, sondern
was *ich* gerne tun möchte. Und das, nur das, werde ich tun. Ich
lege auch zeitliche Grenzen fest, die mich davor schützen, dass
ich mich dann doch wieder „breitschlagen lasse", länger zu bleiben und mehr zu tun. Diese zeitlichen Grenzen brauche ich nicht
zu rechtfertigen, sondern es reicht, wenn ich sage: „Ich kann an
diesem Nachmittag nur von fünfzehn bis achtzehn Uhr – länger
nicht." Genauso wenig muss ich mich für jedes andere Tun oder
Lassen rechtfertigen, denn ich bin ein erwachsener Mensch, der
eigenverantwortlich handelt und ein Recht darauf hat, sein Leben
so zu gestalten, dass er sich darin wohlfühlt!

Sie werden merken, wenn Sie so vorbereitet und gewappnet
in den Kampf ziehen, wird es Ihnen viel leichter fallen, Nein zu
sagen und auch dabei zu bleiben.

Lassen Sie sich den Rücken stärken

Wenn Sie sich von der zu netten Frau wegentwickeln wollen,
werden Sie ganz schnell an Ihre Grenzen kommen. Alte Prägungen und Verletzungen sitzen manchmal so tief und haben uns
so einschneidend geprägt, dass es fast unmöglich scheint, hier
neue Wege zu beschreiten. Und die zu nette Frau ist häufig eine
zutiefst verletzte Frau. Eine Frau, der schon in der Kindheit der

eigene Wille gehörig gebrochen und ausgetrieben wurde. Eine Frau, die es sich zur Gewohnheit gemacht hat, ihr Ich auf dem Altar des Du zu opfern, um emotional zu überleben. Solche alten Muster abzulegen, ist alles andere als leicht.

Das Gleiche gilt für die Opferrolle, die uns mittlerweile zur zweiten Natur geworden ist. Denn diese Rolle bringt nicht nur den Verlust von Selbstbewusstsein, Handlungskompetenz, zupackender Lebensfreude und Selbstbestimmung mit sich, sondern sie bringt, das haben wir gesehen, auch gewisse Vorteile mit sich. Als Opfer bekommen wir Mitleid (wenn schon nicht von anderen, dann doch wenigstens von uns selbst), sind in der Regel Sympathieträger, mit unserem Aufopferungswille bei unseren Mitmenschen äußerst beliebt und müssen nicht „in die Pötte" kommen. In der Regel braucht es ein erhebliches Maß an Leidensdruck, an Einsicht und Erkenntnis, um diesen vermeintlichen Gewinn gegen einen echten Gewinn einzutauschen.

Sie sollten daher alles tun, um die Ahnung, dass es für Sie ein Leben jenseits der zu netten Frau geben könnte, am Leben zu erhalten. „Füttern" Sie sie mit Menschen, die Ihnen in Lebensfreude und Tatkraft Vorbild sind, mit Büchern, Filmen und Musik, die Lebenswille und Lebensmut in Ihnen entfachen!

Und suchen Sie ... Gott! Denn er ist der Ursprung aller Lebendigkeit und hat für Ihr Leben eine großartige Perspektive, die nichts mit der lieben, netten, angepassten Frau gemein hat. Gott hat Sie wertvoll und einzigartig geschaffen und möchte, dass Sie diese Einzigartigkeit leben und Ihre Begabungen und Fähigkeiten einsetzen. Er möchte Sie zu einer starken Frau machen, einer Frau, die souverän ganz sie selbst sein kann. Sein guter Gedanke für Sie ist, dass Sie weiten Raum für Ihr Leben haben und nicht nur ein kleines Eckchen, in dem Sie zusammengekauert hocken, weil alle anderen um Sie herum den ganzen Raum für sich beanspruchen. Er möchte, dass Sie frei seiner

Bestimmung gemäß leben und nicht von anderen Menschen fremdbestimmt werden.

Verabschieden Sie die zu nette Frau freundlich, aber bestimmt aus Ihrem Leben und rollen Sie der gesunden, starken (und sehr sympathischen und anziehenden) Frau den Teppich aus. Das ist das Beste, was Ihnen passieren kann!

Ich werde älter

– na und?

Das Leben erscheint mir manchmal wie ein gutes Buch. Je weiter du kommst, desto mehr beginnt es einen Sinn zu machen.

Harold Kushner

„*Irgendwann zwischen vierzig und fünfzig tritt man in ein Grenzland ein, wo ein Hauch von Wehmut herrscht. Man ist schon lange nicht mehr jung, aber auch nicht richtig alt, man weiß, wo man gewesen ist, aber nicht, in welche Richtung es weitergehen wird. Alte Wahrheiten scheinen überholt. Man muss vieles neu bedenken, Werte neu überprüfen, Gedanken infrage stellen, altes Wissen durch neues ersetzen und bislang unbekannte Gefühle durchleben. Mitten im sprudelnden Leben, wenn die Sonne noch hoch steht, erahnt man schon mit einem leichten Schauder die nahende kühle Abendbrise.*"⁵

Im Zwischenland

Da bin ich nun also angekommen. Noch kann ich so tun, als ob – als ob es noch Frühling oder Hochsommer wäre. Kann mir selbst etwas vorgaukeln. Aber in Wirklichkeit hat der Spätsommer längst begonnen und der Herbst, mit seinen mannigfachen Veränderungsprozessen, ist mehr als nur eine Ahnung. Tatsächlich ist jetzt in meinem Leben enorm viel der Veränderung unterworfen, äußerlich und innerlich. Überrascht sehe ich aktuelle Fotos von mir an oder sehe mein Spiegelbild und denke: Das darf doch wohl nicht wahr sein!

Und mein innerer Mensch? Vertraute Lebensinhalte und -konzepte greifen plötzlich nicht mehr, aber neue sind auch noch nicht in Sicht. Mein altes Selbstbild stimmt mit der Wirklichkeit nicht mehr überein und braucht eine Überarbeitung. Ich habe das Gefühl, mich ganz neu definieren und erfinden zu müssen.

Nein, das stimmt nicht so ganz, erfunden bin ich ja bereits, nur ist so vieles, was zu mir gehört, verschüttet. Jahrelanger Dienst in der Familie, das Zurückstellen der eigenen Wünsche und das Investieren in andere haben ihren Tribut gefordert. Ich stelle das ohne Bitterkeit fest, war das doch eine absolut lohnende Investition, die ich jederzeit wieder mit der gleichen Intensität tätigen würde. Aber jetzt ist dieser hohe Einsatz nicht mehr nötig, sogar nicht mehr wünschenswert. Ein Zurückfahren der emotional und praktisch engagierten Muttertätigkeit setzt mich und die Kinder frei für Neues. Das ist gesund und bringt auf beiden Seiten den Abnabelungs- und Loslösungsprozess in Gang.

Aber es entsteht zunächst auch ein etwas beängstigend wirkendes Vakuum. Auf einmal tauchen pubertär anmutende Fragen und Zweifel auf. Wer bin ich? Wer will ich sein? Wie bin ich gedacht? Was will ich? Was will ich nicht? Das sind Fragen, die nach Beantwortung drängen und die glatte Oberfläche meines Lebens kräuseln. Bedürfnisse werden wach, wollen gelebt werden, sind aber gleichzeitig noch unklar, nicht eindeutig und ambivalent. Ich will Veränderung – und will sie zugleich auch nicht. Das Anbahnen einer Wandlung, so sehr ich sie auf der einen Seite herbeisehne, weckt auch Widerstand und Ängste. Ich bin aggressiv, lustlos, stimmungsschwankend, unruhig, depressiv, sehnsüchtig, genervt und nervend zugleich – meine Seele stellt alle ruckeligen Gefühle zur Verfügung, damit dieser Veränderungsprozess in Gang kommt und auch weitergeht. Denn diese Gefühle zwingen mich, hinzugucken und dranzubleiben. Sind unbequem, aber dennoch notwendig und überaus wertvoll.

Was für eine Freiheit!

Was ich sehe, wenn ich hingucke, ist eine riesengroße, noch nie dagewesene Freiheit und Chance in meinem Leben. Meine Kindheit unter einer stark lenkenden Erziehung gab wenig Spielraum für die Entwicklung eigener Wünsche, Bedürfnisse und Denkweisen. Frühe Heirat, das Leben an der Seite eines Pastors und als Familienfrau ließen mir ebenfalls nur wenig Bewegungsfreiheit (vielleicht habe ich sie mir auch nur nicht genommen?). Jetzt ist diese Bewegungsfreiheit mehr und mehr da und damit auch die Möglichkeit, so manche Kapriole zu schlagen, die ich mir bis dahin nicht geleistet habe. Bis jetzt hat mich das Leben mit seinen ganzen Ansprüchen und Herausforderungen überrollt und häufig habe ich nur reagiert und funktioniert. Zum ersten Mal in meinem Leben habe ich so viel Freiraum, aber auch so viel Mündigkeit, dass ich selbst agieren kann. Nicht nur äußerlich, auch innerlich. Ich fange an, mein Denken zu entrümpeln und lasse mir so schnell auch nicht mehr vorschreiben, in welchen Bahnen es jetzt zu laufen hat. Was für eine Freiheit! Eine Freiheit, die ich erst jetzt, in der Lebensmitte, genießen kann, weil ich nun den Mut und die Reife habe, das zu tun und zu denken, was ich will, und nicht, was andere mir vorschreiben. Die Straße vor mir ist auf einmal breiter, und neues, unbekanntes Land tut sich vor mir auf. Eigentlich wäre es gut, mir die Zeit zu nehmen, dieses Land erst einmal zu erforschen und es kennenzulernen. Mich selbst neu kennenzulernen, mich langsam vorwärts zu tasten und mir Zeit zu lassen.

Wieder nicht im Einklang

Aber ich marschiere direkt und strammen Schrittes mit Siebenmeilenstiefeln los ... Richtung Leistung. Das ist eine Straße, die ich kenne, die mir vertraut ist. Und mir scheint, auch andere setzen mich, die Frau in der Lebensmitte, gerne auf diese Straße. Wieder werde ich unter Druck gesetzt mit Appellen wie: „Los, mach was aus dir und deinen Begabungen! Entdecke und entfalte dein Potenzial! Entwickele Ziele und setze alles daran, sie zu erreichen! Deine Kinder sind aus dem Gröbsten raus – du willst doch jetzt wohl nicht zu Hause versauern! Kaufe die Zeit aus!" Und ich? Ich lasse mich unter Druck setzen. Mal wieder ... Ich schreibe wie ein Weltmeister und übernehme verschiedene Referentendienste. Lasse das schnöde Hausfrauendasein hinter mir (na ja, nicht so ganz) und genieße es, eine ganz andere Seite in mir zu entfalten, schwelge in Anerkennung und Bestätigung. Kaum einen Gipfel erklommen, erstürme ich schon den nächsten.

Aber ich habe mir vorher nicht die Zeit genommen, mich kennenzulernen und zu erkunden, was ich eigentlich will und was zu mir passt. Habe nicht genau hingehört, was ich denn nun *wirklich* brauche. Schon bald stellt sich heraus, dass Leistung das ist, was ich jetzt am wenigsten benötige. Erst einmal müsste meine Seele gefüttert, im wahrsten Sinne des Wortes, gestillt werden. Nach all den anstrengenden Jahren will sie noch einmal spielendes Kind sein dürfen und nicht direkt wieder in die Rolle des gut funktionierenden Erwachsenen schlüpfen. Aber das nehme ich vor lauter Eifer gar nicht wahr. Und so steht manches, was und wie ich es tue, wieder nicht im Einklang mit mir. Es entsteht eine neue Zwangsjacke, nein, eigentlich ist es die alte, nur in neuem Gewand: wieder Druck, wieder Zwang, wieder Leistung, wieder fremdbestimmt von den Erwartungen anderer Menschen.

Meiner Seele gefällt das gar nicht. Irgendwo unterwegs hat sie sich verabschiedet, sich auf und davon gemacht und sich in die finsterste Ecke verkrochen. Sie hat sich das Ganze irgendwie anders vorgestellt.

Mein ganz eigenes Spiel
Und so schalte ich erst noch mal einen Gang runter. Denn ich weiß: Wenn ich jetzt, in der Lebensmitte, nicht endlich lerne,

so zu leben, wie es zu mir passt, wann denn dann? Ich locke meine Seele noch einmal hervor, gebe ihr Raum, höre ihr zu und merke: In dieser Phase meines Lebens braucht es zunächst einmal kein Durchstarten zu neuer Leistung, sondern eine Phase der Besinnung, eine Zeit des sich selbst Kennenlernens. Eine Zeit, in der die Fragen „Was will ich?" und „Was passt zu mir?" in Ruhe gestellt und beantwortet werden können. Das dauert. Aber nur so kann die zweite Halbzeit des Lebens gelingen – echter, freier und unbeschwerter, weil sie wirklich mein ganz eigenes Spiel ist.

Um meine Selbstwahrnehmung zu schärfen, schaue ich mir andere Menschen an. Wie sie leben, wie sie Alltag und Freizeit gestalten, wie sie denken und fühlen. Manches, was ich da mitbekomme, findet Widerhall in meiner Seele, reizt mich, andere und neue Wege zu gehen. „Das könnte zu mir passen" ist ein Gedanke, der hier und da aufkeimt. Anderes stimmt mich eher skeptisch. Dann denke ich: „Das will ich auf keinen Fall. Jedenfalls *so* nicht oder *so* nicht mehr!"

Dabei geht es nicht nur um tiefschürfende Begegnungen und Gespräche. Ich sauge alltägliche Situationen auf. Pirsche mich auf dem Markt an zwei interessant aussehende und wild gestikulierende alte Damen heran. Pfiffig sehen sie aus mit ihren gestylten Kurzhaarfrisuren und ultramodernen Brillen. Während ich scheinbar unbeteiligt auf das Obst starre, höre ich zu, was sie zu sagen haben. Sie kichern wie zwei Backfische, als ein älterer Herr mit Gehwägelchen vorbeikommt, werfen ihm kesse Blicke und noch viel kessere Sprüche zu, bevor sie sich wieder in ihre eigene Lebensphilosophie vertiefen. Und ich denke: „Lustig soll's bei mir sein!" Nicht mehr so bierernst und fromm-verbissen. Zum Glück wohne ich im Rheinland, wo die Menschen, auch in meiner Gemeinde, von ihrem ganzen Naturell her schon lustig, fröhlich und immer für einen Scherz zu haben sind.

Ich komme an einem Kaufhaus vorbei, aus dem eine Mitarbeiterin ein Spielauto auf den Bürgersteig zerrt. Sie wissen schon, diese Dinger, in die sich kleine Kinder setzen, um sich für 50 Cent durchschuckeln zu lassen. Aber das vermaledeite Ding will nicht. Während sie zieht und schiebt, schimpft sie wie ein Rohrspatz mit äußerst deftigen Worten auf das Gefährt ein, das sich weigert, seinen Dienst zu tun. Sie zetert und zetert. Als eine Kollegin hinzueilt, hält sie inne, richtet sich auf, gibt dem Auto einen letzten Tritt, grinst vergnügt und meint: „Das musste jetzt einfach mal sein." Beide lachen schallend, werfen dem Auto einen Blick zu, der einem das Blut in den Adern gefrieren lässt, und tauschen im nächsten Augenblick die neusten Neuigkeiten aus. Und ich denke: „Echt soll's bei mir sein, authentisch und ungekünstelt!" Das Leben soll aus mir heraussprudeln. Ich will keine fromme Fassadenkleisterei, kein blutleeres und emotionsloses Christsein. Auch wenn ich mich dabei reumütig einmal mehr bei Gott oder einem Mitmenschen entschuldigen muss. Das ist mir tausendmal lieber als vorsichtig und nach allen Seiten hin absichernd durchs Leben zu staksen, um ja nichts falsch zu machen und damit zu einer frommen Karikatur meiner selbst zu werden.

Altes neu entdeckt

Und ich beobachte mich selbst, um mich besser kennenzulernen. Aber nun mit anderen Vorzeichen als in jüngeren Jahren. Heute habe ich den Mut und die Reife, ein ganzes Ja zu meinem Sosein zu haben. Ich weiß inzwischen, was ich kann und worin ich gut bin. Weiß um meine charakterlichen Stärken und meine praktischen und emotionalen Fähigkeiten. Aber genauso weiß ich inzwischen, was mir gar nicht liegt, und bin mir der Schwachpunkte und Begrenzungen meiner Persönlichkeit sehr bewusst.

Das größte Geschenk des Älterwerdens besteht für mich darin, dass ich heute dazu stehen kann. In früheren Jahren habe ich mich oft sehr selbstkritisch beäugt, habe versucht, allen möglichen Ansprüchen und Anforderungen gerecht zu werden, und war dann beschämt, wenn ich den Erwartungen nicht genügte. Nun lasse ich mich von diesen Fremdansprüchen immer weniger bestimmen. Heute ziehe ich mir nur noch den Schuh an, der mir auch passt ... alle anderen lasse ich getrost stehen. Ich tue das ohne schlechtes Gewissen und ohne mein Tun noch permanent zu hinterfragen. Der innere Sklaventreiber, der mich in der ersten Lebenshälfte oft gnadenlos angetrieben hat, wird von mir immer öfter in seine Schranken gewiesen. Und so gelingt es mir immer besser, mit mir selbst ausgesöhnt zu leben: Ja, so bin ich! Und jemand anders kann und will ich auch gar nicht sein!

Und ich entdecke immer mehr, was ich brauche, um gut durchs Leben zu kommen. Auch da diskutiere ich nicht mehr. Stelle nicht mehr infrage, ob meine Bedürfnisse denn sein *dürfen* und eine Berechtigung haben oder nicht. Die Frage ist nicht mehr in erster Linie: Wie kann und muss *ich* mich verändern, um mich den Umständen anzupassen und mit Situationen klarzukommen? Jetzt frage ich vielmehr, wie ich *die Situationen* verändern muss, damit sie zu mir und meinem Leben passen. Wie viele Jahre hab ich mich mit Zuckerbrot und Peitsche durch manche Gegebenheit hindurchgezwungen und habe bis zum Umfallen an mir gearbeitet, damit ich in das mir vorgegebene Raster passe. Jetzt leiste ich mir zum ersten Mal die Freiheit, die Dinge, die ich nicht tun möchte und die mir Unbehagen bereiten, auch nicht zu tun. Ob ich dabei den Erwartungen anderer entspreche und ob sie mit mir einverstanden sind – das alles ist mir nicht mehr so wichtig. Viel wichtiger ist mir jetzt, dass ich selbst mit mir einverstanden bin. Die Umstände müssen nun zu mir passen und nicht mehr umgekehrt. Der Alltag soll nicht mein Diktator sein – ich nehme mir die Freiheit, ihn so zu gestalten, dass ich mich darin wohlfühle.

Ich merke, dass Gott mir diesen Raum freischaufelt, damit ich mehr und mehr zu dem Menschen werden kann, der ich eigentlich bin, und nicht nur ein Zerrbild eigener und fremder Erwartungen. Er legt mir die Hand auf die Schulter und bittet mich eindringlich, doch nicht immer gegen mich selbst anzuarbeiten. Und im Gespräch mit ihm entdecke ich so einiges – viel Neues, aber auch viel Altes, was ich mir nur nie zugestanden habe.

Ich merke zum Beispiel, dass ich eher eine Sprinterin als eine Marathonläuferin bin. Kurzfristig kann ich ungeheure Energien, Ideen und Kreativität in ein Projekt investieren – tolle Dinge kommen dabei raus. Aber die Spannung lässt, wahrscheinlich weil sie so geballt und intensiv ist, eben auch relativ schnell nach und die Luft ist raus. Dann fängt das Ganze an, für mich zäh und quälend zu werden. Früher stand ich dann wie ein Sklaventreiber hinter mir und hab mich zum Weitergehen gezwungen. Heute nehme ich nur noch Projekte an, bei denen ich sprinten kann. Damit fühle ich mich wohl und mit diesem „Laufstil" kann ich das Beste aus mir herausholen, was ich zu bieten habe! Den Marathon müssen andere laufen – ich werde es nicht mehr tun!

Ich weiß nun auch, dass ich jemand bin, der ganz schnell unter inneren Druck gerät. Ein vollgestopfter Alltag mit vielen Terminen, die ich einhalten muss, ist für mich ein Graus. Das Wissen, dass ich noch ganz viel zu tun und zu bedenken habe, lässt meinen inneren Stresspegel schlagartig in die Höhe schnellen und verhindert jede Form der Entspannung. Früher habe ich mich gezwungen, diese „Schwäche" zu überwinden. Heute erlaube ich mir zu sagen: „Ich ertrage diesen Druck eben nur zu einem gewissen Maß." Wenn ich Druck und eine Anhäufung von Arbeiten und Terminen vermeiden kann, vermeide ich sie auch. Sicher, manchmal bedeutet das eine verpasste Chance und mein Arbeitspensum oder Leistungsniveau ist möglicherweise nicht so hoch, wie es vielleicht sein *könnte*. Aber dafür bin ich mit mir und meinem Leben rund und das ist mir tausendmal wichtiger.

Ja sagen zu dem, was und wie ich bin, und Abschied nehmen von einem wie auch immer gearteten Wunschbild, das ist befreiend und schmerzlich zugleich. Manches an Idealen, Wunschträumen und Lebenszielen muss mit zunehmendem Alter ad acta gelegt werden. Es lohnt sich, die damit verbundene Trauerarbeit sehr bewusst zu vollziehen. Erst dann können wir Nicht-Gewordenes in Frieden ziehen lassen und uns an dem, was zurückbleibt, erfreuen.

Der Zukunft entgegen

Ich mache mir nichts vor. Mit zunehmendem Alter rückt das Thema „Sterben und Tod" in immer greifbarere Nähe. Meine Probleme mit dem Älterwerden wurzeln doch im Letzten in meiner Angst vor dem Sterben – und in der in uns allen tief angelegten Sehnsucht nach Unvergänglichkeit. Wir wünschen uns so sehr unbegrenzte Zeit, unbegrenzte Kraft und unbegrenzte Möglichkeiten! Aber wir haben es nicht, dieses Unbegrenzte, sondern stoßen in uns und um uns herum überall nur auf Begrenztheit und Endlichkeit. Nichts, aber auch gar nichts, können wir festhalten, sondern alles vergeht. Das macht Angst und kann bedrücken.

In meinem Fragen und Suchen stoße ich in der Bibel, genauer gesagt in den Psalmen, auf einen ganz interessanten Satz. Da sagt ein Beter zu Gott: *„Lehre uns bedenken, dass wir sterben müssen, auf dass wir klug werden."*[6] Da steht nicht: „Lehre uns bedenken, dass wir sterben müssen, auf dass wir Angst bekommen und unser Leben ständig von einer dunklen Vorahnung erfüllt ist oder unter einem düsteren Schatten liegt." Nein, wir sollen uns mit unserer Vergänglichkeit auseinandersetzen, damit wir *klug* werden. Das heißt, diese Auseinandersetzung soll etwas Positives in uns bewirken und soll eine gute Eigenschaft in uns hervorbringen.

Tatsächlich hat das Denken „vom Ende her" eine positive Aus-
wirkung auf mein Hier und Jetzt. Denn vom Ziel her besehen
relativiert sich vieles und ich kann meinen Alltag mit wesentlich
mehr Gelassenheit leben. „Von hinten", vom Ende her auf mein
Leben geschaut, bekommen viele Themen eine ganz andere Ge-
wichtung, als wenn ich mitten drin stecke. Wie wichtig ist das,
worüber ich mich heute aufrege, ärgere, ängstige und mir Sorgen
mache in der Gesamtrückschau? Werde ich mich an diese Situationen, die mir heute Kopfzerbrechen bereiten und mir das Leben
schwer machen, in zehn, zwanzig oder dreißig Jahren überhaupt
noch erinnern? Das, womit ich mich tagaus, tagein beschäftige,
Aktivitäten, in die ich Herzblut, Zeit, Kraft und Energie hinein-
stecke – hat sich, vom Ende her geschaut, mein Einsatz gelohnt?
Habe ich an der richtigen Stelle investiert? Oder werde ich am
Ziel frustriert bekennen müssen: „Da habe ich in meinem Leben
leider aufs falsche Pferd gesetzt."

Eine relativ leichte Übung hilft mir, meine Gedanken etwas
zu sortieren. Ich versuche zusammenzufassen, was andere Menschen am Ende meines Lebens über mich sagen sollen. Etwas
zugespitzter könnte ich sogar schon einmal meine eigene Grab-
rede formulieren. Zugegeben: Das ist etwas makaber, aber äußerst
wirkungsvoll, wenn es darum geht, die Quintessenz des eigenen
Lebens und seiner Inhalte herauszufiltern. Das gewünschte Fazit
meines Lebens so vor mir liegen zu haben, stimmt mich nach-
denklich. Mir wird sehr schnell klar: Wenn *das* am Ende herauskommen soll, dann muss ich *heute* Entsprechendes „reinstecken",
muss an den richtigen Stellen investieren und Prioritäten zielführend setzen. Von ganz allein werden sich die Dinge nicht ordnen
und an die richtige Stelle setzen. Dafür weiß ich nur zu gut, wie
sehr der Alltag mit seinen Sachzwängen und Nebensächlichkeiten
mich oft einholt und gefangen hält. Dafür beeinflusst und prägt
mich das gängige und oft *nicht* besonders kluge Denken der heu-

tigen Gesellschaft viel zu sehr, als dass ich einfach alles laufen lassen kann. Nein, ich muss mein Leben, Denken und Handeln aktiv mitgestalten, mich von Gottes Maßstäben prägen lassen, daraus zu eigenen Überzeugungen finden und dann auch entsprechend handeln, um zu einem guten Ziel zu kommen. Und das ist ... klug!

Und dann ist da noch etwas: Der Tod ist das Einzige, was mit hundertprozentiger Sicherheit auf mich zukommt. Es gibt nichts Vergleichbares, was ich mit derselben Sicherheit sagen kann: Ich bin vergänglich und irgendwann werde auch ich sterben müssen!

Über alles andere, was in meiner Zukunft und in der Zukunft unserer Gesellschaft liegt, kann ich immer nur spekulieren. Ob ich krank werde, ob ich nächstes Jahr noch ein sicheres Auskommen habe, ob die politische und wirtschaftliche Situation in unserem Land stabil bleibt, ob wir weiterhin in unserem Land vor größeren Katastrophen verschont bleiben – ich weiß es nicht. Niemand von uns kann verlässliche Aussagen über das Geschehen in der Zukunft treffen. Wir wissen aber ganz sicher, dass wir vergänglich sind und das Leben eines jeden von uns irgendwann beendet ist.

Und tatsächlich ist es doch eine bodenlose Dummheit, wenn ich mich gerade mit dem Ereignis, was auf *jeden Fall* auf mich zukommt, *am wenigsten* auseinandersetze. Das erinnert mich an das Verhalten kleiner Kinder, die sich beim Versteckspiel mitten in den Raum stellen, sich die Augen zuhalten und rufen: „Such mich!" Als ob allein die Tatsache, dass sie sich die Augen zuhalten, verhindern könnte, dass man sie findet.

Dadurch, dass wir uns die Augen zuhalten, können auch wir nicht verhindern, dass wir älter werden und irgendwann endgültig Abschied nehmen müssen. Klug ist es also, hinzuschauen und sich mit dem Unabänderlichen auseinanderzusetzen.

Neben der Frage, wie ich den Sterbeprozess wohl erleben werde, kommt hier unweigerlich die Frage nach dem „danach" auf. Ist dann alles zu Ende oder kommt dann noch etwas? Und wenn ja, was?

Wieder stoße ich auf einen wegweisenden Satz aus der Bibel. Jesus hat ihn einmal gesagt und er ist uns im Evangelium des Johannes überliefert: *„Denn Gott hat die Welt (also alle Menschen und auch mich) so sehr geliebt, dass er seinen einzigen Sohn hergab, damit jeder, der an ihn glaubt, nicht verloren geht, sondern ewiges Leben hat."* [7]

Das finde ich genial! Die Liebe Gottes, die uns unser ganzes Leben begleitet, durchträgt und bis in die Tiefen berühren will, reicht auch über den Tod hinaus. Gott selbst hat in seinem Sohn Jesus den Tod für uns überwunden und diesen letzten Feind für uns besiegt. Wie ein Kind brauche ich nur voller Vertrauen die Hand dieses Jesus' zu fassen und werde von ihr im Leben und Sterben festgehalten. Verloren gehen – der Alptraum eines jeden Kindes – werde ich dann jedenfalls nicht! Im Gegenteil: Ich kann dann ganz sicher sein, dass dieser Jesus mich „hinübergeleiten" wird.

Im „Danach" wartet uneingeschränktes und qualitativ hochwertiges Leben auf mich, denn Gott selbst, der Inbegriff des Lebens, der Schönheit, der Freude und der Faszination, wird anwesend sein. Ich werde nach Hause kommen, dahin, wo all meine Zerbrochenheit, all mein Schmerz geheilt und all meine Sehnsucht nach Liebe und erfülltem Leben gestillt wird.

Ich glaube, wenn wir die großen Fragen des Lebens: „Woher komme ich?", „Wohin gehe ich?" und „Warum lebe ich überhaupt?", geklärt haben, dann können wir auch im Angesicht unserer Vergänglichkeit und unseres Todes ein glückliches, erfülltes und frohes Leben führen. Dann brauchen wir das Älterwerden nicht zu verdrängen oder zu beschönigen, sondern können ganz gelassen mit diesen Vorboten unseres Sterbens umgehen.

Und weil das Älterwerden mich ermahnt und herausfordert, mich mit den wesentlichen Themen des Lebens und Sterbens auseinanderzusetzen, und mir die Chance bietet, endlich anzukommen, betrachte ich die zweite Lebenshälfte auch als Geschenk.

Ein Geschenk, das ich etwas zögerlich öffne und dessen Wert zu entdecken mir nicht ganz leicht fällt. Denn in die Freude über das neu Entdeckte mischen sich die Tränen über den Abschied, das Loslassen von Illusionen, die Trauer über Verpasstes und die Ängste vor dem Morgen. Das Geschenk der Lebensmitte beinhaltet eben auch das Wissen, dass im Leben nicht immer nur alles rund und schön ist, sondern dass Schmerz und Vergänglichkeit dazugehören. Es ist kein „Rundum-sorglos-Paket", aber vielleicht eine stille Kostbarkeit, die ich dann und wann in einem einsamen Moment hervorhole, vorsichtig in meinen Händen halte, betrachte und mich daran freue. Immer in dem Wissen, dass das, was hier und jetzt unter Schmerzen heranreift, einzigartig und wertvoll ist.

Spieglein, Spieglein an der Wand

Vom Umgang mit Neid und Eifersucht

*Glück ist wie ein Maßanzug. Unglücklich sind meistens die,
die den Maßanzug eines anderen tragen wollen.*

Karl Böhm

Vor ein paar Wochen war ich shoppen, weil ich ein neues Outfit für die Hochzeit meiner Freundin benötige. Meine Freundin heiratet erst im Sommer und eigentlich ist bis dahin noch genügend Zeit. Genau genommen haben wir gerade mal März, an besagtem Tag blies ein eiskalter Wind und der letzte Schneematsch war noch nicht ganz weggetaut. Dennoch hatte ich mir in den Kopf gesetzt, ein Sommerkleid für eben diese Hochzeit zu kaufen und war in bester Shoppinglaune.

Ich betrat das nächstbeste Geschäft, in dem ich hoffte, fündig zu werden, umrundete die erwartungsvoll dreinschauende Verkäuferin mit einem höflichen „Ich-will-mich-nur-mal-umschauen-Blick" und stürzte mich auf die Kleiderständer. Dankbar registrierte ich, dass die Frühjahrs- und Sommermode bereits die wärmende Wintergarderobe abgelöst hatte, ein Umstand, der mich normalerweise eher nervt. Bei fünf Grad Außentemperatur suche ich in der Regel eher einen dicken Strickpullover als Kleidchen mit Spaghettiträgern. Aber spätestens ab März findet man in den Geschäften keine dicken Pullover mehr, sondern nur noch ... Kleidchen mit Spaghettiträgern. Das ist fast so schlimm wie die Weihnachtsmänner und Dominosteine, die bei dreißig Grad Außentemperatur bereits auf das bevorstehende Weihnachtsfest

hinweisen sollen. Die Angst, beizeiten nicht mehr genügend ab-
zubekommen, scheint uns tief in den Knochen zu sitzen und soll
uns anscheinend dazu verleiten, wie Hamster für die kommen-
den schlechten Zeiten zu horten und vorzusorgen.

Aber diesmal kam mir dieses Phänomen ganz gelegen, denn
es gab schon eine beträchtliche Auswahl an Sommerkleidern.
Ausnahmsweise musste ich auch nicht stundenlang suchen,
sondern fand schon bald genau das Kleid, das ich mir vorgestellt
hatte: modern, aber nicht zu flippig, chic, aber auch nicht zu ele-
gant hing es dort und schien wie für mich gemacht. Die Größe,
die ich brauchte, war auch vorhanden. Perfekt!

Ich verschwand voller Vorfreude mit dem guten Stück in der
Umkleidekabine, erwartete ich doch, dass mir gleich eine umwerfende Schönheit aus dem Spiegel entgegenblicken würde. Damit
nicht genug. Ich stellte mir bereits vor, wie ich bei besagtem Fest
die bewundernden Blicke der anderen Gäste auf mich ziehen würde
und hörte schon die Leute hinter vorgehaltener Hand tuscheln:
„Wer ist denn *diese* gut aussehende Frau? Und dieses Kleid ...“

Schon beim Ausziehen meiner Sachen kamen mir erste Zweifel, ob meine Metamorphose in eine umwerfende Schönheit tatsächlich glücken würde. Meine Oberschenkel zeigten beim Blick
in den hilfreich angebrachten Rückspiegel noch nie dagewesene
Dellen, ich hatte vergessen, meine Beine zu rasieren (eine Arbeit,
die ich in den Wintermonaten öfter vernachlässige, weil meine
Beine dann sowieso in langen Hosen verschwinden), und meine
Füße steckten, als Zugeständnis an diesen kalten Tag, in dicken,
selbst gestrickten Socken. Außerdem musste ich feststellen, dass
mein Körper nach den durchstandenen Wintermonaten so bleich
war, als hätte ich die letzten zehn Jahre in Dunkelhaft verbracht.
Ich ahnte, dass sich das „Ich-bin-eine-umwerfende-Schönheit-
Kleid" an meinem fahlen, delligen, stricksockigen und gänzlich
unrasierten Winterkörper nicht besonders vorteilhaft ausnehmen

würde. Eine, wie sich später herausstellen sollte, durchaus berechtigte Befürchtung (kleiner Tipp: Gehen Sie nie, niemals, im Winter ein Kleid fürs Frühjahr oder den Sommer kaufen!!!).

Nun zwängte ich mich also in dieses mit einem Mal winzig anmutende Kleid und fragte mich ernsthaft, ob das Ganze nicht eine Fehlproduktion oder versehentlich der Kinderabteilung, Gr. 176, entsprungen war. Irgendein wundersamer Schrumpfungsprozess musste von diesem Kleid Besitz ergriffen haben, denn auf dem Bügel hatte es definitiv *nicht* so eng ausgesehen. Ich zog und zerrte und riskierte dann einen ersten, vorsichtigen Blick in den Spiegel. Mir fiel fast die Kinnlade herunter. *So etwas*, so viel registrierte mein geschocktes Hirn noch, bevor es das Denken vorerst verweigerte, konnte doch kein Modeschöpfer gewollt haben! An allen möglichen und unmöglichen Stellen quollen Teile meines Körpers hervor, und mein dauerhaft postnataler Bauch schien sich voller Boshaftigkeit so aufzublasen, dass man mich gut und gerne als „Die-im-fünften-Monat" hätte bezeichnen können.

Ich glaube, so schnell war ich noch nie in meinem Leben wieder angezogen. Binnen Sekunden hatte sich meine erwartungsvolle Shoppinglaune in den totalen Shoppingfrust verwandelt und ich wollte einfach nur noch so schnell wie möglich nach Hause. Weg aus diesem blöden Geschäft mit seinen dämlichen Spaghettiträger-Kleidchen, weg von diesem bescheuerten, verlogenen Spiegel und ... weg von meinem eigenen Anblick.

Bei meinem nicht besonders geordneten Rückzug aus der Umkleidekabine stieß ich fast mit einer Mittzwanzigerin zusammen, die just in diesem Moment ihre Kabine verließ. Ich glaubte meinen Augen nicht zu trauen, als ich sah, dass sie mit dem gleichen Kleid, Marke Kinderabteilung, das auch ich gerade anprobiert hatte, aus ihrer Umkleide tänzelte.

Und was soll ich sagen? Diese junge Frau sah in diesem Kleid einfach sensationell aus! Kein Speckpolster lugte vorwitzig an unbedeckten Stellen hervor und überhaupt schien alles an ihrem Körper genau da zu sein, wo es hingehörte. Zur Abrundung dieser makellosen Erscheinung gehörten zwei gertenschlanke, sonnengebräunte und völlig unbehaarte Beine. Wollsocken konnte ich auch nicht entdecken, dafür ein paar hochhackige Schuhe, die zu diesem Kleid perfekt passten. Einem Model gleich lief sie vor dem großen Spiegel zwischen den Umkleidekabinen auf und ab, drehte und wendete sich, und an dem Lächeln, das ihre Lippen umspielte, konnte ich erkennen, dass auch sie äußerst zufrieden mit ihrem Erscheinungsbild war. „Kunststück", dachte ich, „wenn man *so* aussieht."

Und auf einmal war er da, der Neid. Denn ich sah nicht *so* aus, sondern war fast doppelt so alt wie diese junge Frau, und sah deutlich ... anders aus. Angesichts dieser geballten Schönheit fühlte ich mich noch frustrierter, als ich es ohnehin schon war und mochte mich selbst überhaupt nicht mehr leiden. Der Neid in mir hatte ganze Arbeit geleistet!

Kommen Ihnen solche oder ähnliche Situationen bekannt vor?

Vielleicht haben Äußerlichkeiten für Sie auch keine besondere Bedeutung, und Neid und Eifersucht überfallen Sie in ganz anderen Momenten. Wir sind in dem, was uns wichtig ist, sehr unterschiedlich und demzufolge reagieren wir auch an ganz unterschiedlichen Stellen unseres Lebens mit eifersüchtigen Gefühlen.

Ihnen ist vielleicht das Thema Leistung sehr wichtig. Sie wollen es ganz nach oben schaffen, wollen anerkannt und von anderen wegen ihres außergewöhnlichen Erfolges bewundert werden. Sie reagieren vielleicht mit Neid, wenn jemand bessere Leistung bringt und schneller Karriere macht als Sie. Wenn jemand vor Ihnen befördert wird, in Gesprächen vor fachlicher Kompetenz nur so strotzt oder allgemein besser gebildet ist als Sie, dann gibt Ihnen das einen Stich ins Herz und im Vergleich mit dem anderen kommen Sie sich ganz klein und unbedeutend vor.

Oder Ihnen sind materielle Werte sehr wichtig. Sie reagieren neidisch, wenn ein anderer mehr verdient als Sie und sich mehr leisten kann: das größere Auto, das schönere Haus, die modernere oder teurere Einrichtung, das neuste Smartphone, die Markenkleidung oder die jährliche Fernreise. In Gegenwart solch eines Menschen fühlen Sie sich ganz schnell unterlegen, weil Sie in Sachen Lebensstil nicht einmal annähernd mit ihm mithalten können.

Für jemand anderen ist der Bereich Familie sehr bedeutsam. Ein intaktes, harmonisches Familienleben mit wohlerzogenen, begabten und vorzeigbaren Kindern, die einen geraden Weg gehen und auf die man so richtig stolz sein kann: *Das* ist Ihnen sehr wichtig. Aber Sie merken mehr und mehr, dass Ihre Familie diesem Anspruch nicht genügt und Ihre Kinder und das ganze Miteinander alles andere als vorzeigbar ist. Dann macht es Ihnen möglicherweise zu schaffen, wenn Sie Familien begegnen, denen diese erstrebte Harmonie scheinbar mühelos glückt.

Es ließen sich noch beliebig viele Beispiele finden. Dabei wird schnell deutlich, dass Eifersucht und Neid uns auf den verschiedensten Ebenen befallen können, je nachdem, was für uns ganz persönlich bedeutsam ist. Das wiederum hat etwas mit unserer persönlichen Prägung und Erziehung zu tun, mit unserem Geschlecht und sicher auch mit dem Alter und der Lebensphase, in der wir uns befinden.

Über Neid und Eifersucht sprechen wir nicht allzu gerne. Das gilt wahrscheinlich für alle „negativen" Gefühle, die uns unangenehm, ja, vielleicht sogar peinlich sind. Wir verschweigen sie lieber und gestehen noch nicht einmal uns selbst ein, dass diese Empfindungen in uns sind.

Unsere neidischen und eifersüchtigen Gefühle einzugestehen, fällt uns allen wahrscheinlich besonders schwer. Denn zu Recht empfinden wir diese als extrem störend für uns selbst, aber auch für ein gutes Miteinander.

Lernen wir Menschen kennen, die beispielsweise Probleme haben mit Minderwertigkeitsgefühlen, mit Ängsten oder Depression, dann ist unser Mitgefühl geweckt und wir reagieren in der Regel mit sehr viel Verständnis. Aber für jemanden, der immer offen oder versteckt herumzickt, der dem anderen das gute Aussehen, die Begabung oder das materielle Höhergestelltsein neidet, haben wir in der Regel nicht besonders viel Sympathie übrig. Also hüten wir uns davor, uns einzugestehen, dass wir selbst manchmal zu diesen unangenehmen Zeitgenossen gehören.

Mir kommt dann immer das Märchen von Schneewittchen in den Sinn. Es handelt von einer alternden Königin, die voller Neid und Hass auf Schneewittchen, ein junges Mädchen, schaut, das in seiner erblühenden Schönheit beginnt, ihr als First Lady Konkurrenz zu machen. Schon als Kind fand ich es ziemlich blöd, wie die Königin ständig vor ihrem Spiegel auf- und abflaniert, um ihm Komplimente über ihr Aussehen zu entlocken. Und bis heute schockiert es mich, wie weit sie geht, nur um ihren Status als „die Schönste im ganzen Land" zu verteidigen.

So wollte und will ich wirklich und wahrhaftig nicht sein – und entdecke doch, dass auch ich manchmal neidisch auf Menschen blicke, die etwas haben oder sind, was ich bei mir selbst so schmerzlich vermisse. In solchen Momenten ahne ich auch, wie zerstörerisch diese Missgunst für mich und andere sein kann.

Weil Neid diese destruktive Macht besitzt, sollten wir lernen, mit diesem Gefühl umzugehen, damit wir es in guter Weise beherrschen und nicht von ihm beherrscht werden.

Begeben Sie sich auf die Suche nach der Ursache

Wollen wir diesem Gefühl auf die Spur kommen, wird es nötig sein, etwas tiefer zu graben, um an die Wurzeln unseres Neides und seine Ursachen heranzukommen. Wir müssen schauen, auf welchem Boden Eifersucht besonders gut gedeihen kann und welches Klima das Wachstum von Neid begünstigt.

Da ist zunächst einmal ein schwaches, instabiles Selbstbewusstsein und ein Mangel an Wertschätzung der eigenen Person. Wer sich selbst nicht liebt, annimmt und achtet, wer nicht um die eigenen Kompetenzen und Vorzüge weiß, wird andere, die ihm scheinbar überlegen sind, immer als Bedrohung erleben und sie offen oder versteckt bekämpfen.

Interessanterweise hat diese Selbsteinschätzung nichts mit dem realen Ist-Zustand zu tun. Es gibt Menschen, die sind augenscheinlich mit einer Vielzahl an Begabungen ausgestattet, haben einen interessanten Job, eine nette Familie, sind wirtschaftlich gut aufgestellt, sehen darüber hinaus auch noch äußerst attraktiv aus ... und fühlen sich trotzdem wertlos und sind nicht zufrieden mit sich. In Gegenwart anderer fühlen sie sich immer minderwertig und reagieren mit Eifersucht auf das vermeintliche „Mehr" der anderen.

Dagegen gibt es Menschen, die ein eher durchschnittliches Leben führen und weder mit besonderen Begabungen ausgestattet sind noch über optimale Lebensumstände verfügen, die aber dennoch in sich ruhen, mit sich und der Welt zufrieden sind und anderen ihr Glück gerne zugestehen können.

Heißt: Ob wir anfällig für neidische Gefühle sind, hat weniger mit den äußeren Lebensumständen zu tun als mit dem Zustand unseres Inneren und unserer Einstellung zu uns selbst.

Es ist wichtig, dass wir uns dieser Tatsache bewusst sind. Denn das bedeutet: Selbst, wenn wir all das bekommen und erreichen könnten, was wir dem anderen neiden, werden wir, wenn sich das „Innen" nicht verändert hat, getrieben und unzufrieden bleiben. Es wird immer wieder etwas Neues geben, was unseren Neid anstachelt, egal, wie nah wir an unserem Ideal dran sind. Denn die eigentliche Ursache, ein Mangel an Selbstliebe und Wertschätzung der eigenen Person, ist nicht behoben.

An dieser Stelle ist es hilfreich, einmal hinzuschauen, wo denn dieser Mangel an Selbstwertgefühl in unserem Leben herkommt und an welcher Stelle unserer Biografie er seine Wurzeln hat. Um dem auf die Spur zu kommen, kann uns die Beantwortung einiger Fragen helfen.

Haben Sie den Eindruck, dass Sie in Ihrer Ursprungsfamilie und in der dortigen Geschwisterfolge als einzigartiger Mensch wahrgenommen wurden? Wurden Sie, ungeachtet dessen, was Ihre Geschwister alles „draufhatten", mit Ihren Begabungen und Fähigkeiten gesehen und gefördert? Welches Klima herrschte in Ihrem Umfeld als Kind? Ein Klima, in dem viel gelobt und ermutigt wurde, in dem Sie mit Ihrem ganzen Sein Raum hatten und sich entfalten konnten? Welche Botschaften wurden Ihnen mitgegeben? Waren es gute Botschaften, wie: „Du bist ein wertvoller Mensch und rundherum, so wie du bist, von uns geliebt?"

Oder kamen Sie eigentlich gar nicht so richtig vor, weil die Aufmerksamkeit Ihrer Eltern oder anderer Bezugspersonen stets von jemand anderem absorbiert wurde? Wurden Sie vielleicht oft ausgeschimpft und kritisiert, wurde ständig an Ihnen herumgenörgelt und war alles, was Sie taten, nicht gut genug? Haben Sie vielleicht häufig Sachen zu hören bekommen, wie: „Du stellst dich ja mal wieder selten dämlich an" oder: „Dein Bruder/deine Schwester ist immer brav, aber mit dir haben wir nichts als Ärger!"

Wenn solche und ähnliche abwertende Botschaften nicht die Ausnahme, sondern die Regel waren, dann haben wir diese Aussagen über uns übernommen und konnten kein positives Selbstbild entwickeln.

Natürlich hat ein schwaches Selbstwertgefühl seinen Ursprung nicht immer in der Kernfamilie. Vielleicht waren wir in der Schule als Außenseiter verschrien und wurden viel gehänselt, vielleicht waren wir als Kind sehr kränklich oder mussten mit einer Behinderung leben, sodass wir uns anderen immer unterlegen fühlten. Vielleicht hatte der Lehrer uns „auf dem Kieker" und ließ keine Gelegenheit aus, uns vorzuführen, weil wir seiner Meinung nach begriffsstutziger waren als unsere Mitschüler. Vielleicht waren wir zu dick, zu dünn, zu groß, zu klein, hatten die „falsche" Haarfarbe, schiefe Zähne oder wurden von unseren Eltern in unmögliche Klamotten gesteckt. All das führte dazu, dass wir uns abfällige Urteile anderer über uns anhören mussten, dass wir uns nie „richtig" fühlten und uns selbst nicht besonders gut leiden konnten.

Wo auch immer die Wurzeln liegen: Dieser Mangel an Wertschätzung der eigenen Person, der durch die vernichtenden Urteile anderer über uns entstanden ist, prägt uns, wenn wir als Erwachsene an dieser Stelle nicht nachgearbeitet haben, bis heute. Wir fühlen uns dann schnell verunsichert und infrage gestellt und reagieren mit Neid auf das, was der andere hat oder ist. Wir denken dann: „Wenn ich so aussehen würde und so intelligent oder begabt wäre wie diese oder jene, dann würde es mir mit mir selbst besser gehen und ich hätte nicht so viele Probleme im Leben." Aber fehlende Selbstliebe kann man nicht von außen beheben, sondern sie muss von innen geheilt werden. Das neidische Schielen auf andere ist für diesen Heilungsprozess eher kontraproduktiv, denn anstatt uns mit uns selbst, mit den Stärken in *uns* zu beschäftigen und damit unser Selbstwertgefühl zu steigern, konzentrieren wir uns ausschließlich auf die Stärken des *anderen* und schwächen uns selbst noch mehr.

Eine andere Ursache für das Aufflammen neidischer und eifersüchtiger Gefühle lässt sich genau im Gegenteil finden: eine völlig übersteigerte Selbstwahrnehmung und Selbstüberzeugung. Es gibt Menschen, die ihre Schwächen und blinden Flecken nicht sehen und sich selbst total überschätzen. Sie meinen, sie könnten und wüssten alles am besten, halten sich für konkurrenzlos und sind der Überzeugung, sie bräuchten die Ergänzung und Korrektur durch andere nicht. Solch eine verquere Selbsteinschätzung geht häufig mit der Erwartung einher, das Leben müsse einem immer auf dem Silbertablett präsentiert werden und es wäre selbstverständlich, immer in den vordersten Reihen und auf den besten Plätzen zu rangieren.

Möglicherweise ist die Königin in dem erwähnten Märchen solch eine Person gewesen. Immer ist sie die Schönste im Land gewesen, immer war sie die First Lady, immer hat sie das Sagen gehabt. Diese Position nun an jemand anders abzutreten ist ganz schön schwer, wenn man's nicht gewohnt ist, auch mal eine eher unbedeutende Nebenrolle zu spielen.

Häufig hat *dieses* Denken seine Ursache in einem Familienklima, in dem ein Kind ständig auf den Sockel gehoben wird und sich alles nur um diesen Sprössling dreht. Jeder Pieps dieses „Helden" wird bestaunt und gefeiert und seine *besondere* Begabung, sein *besonderes* Aussehen und sein *besonderes* Verhalten gegenüber den Normalsterblichen ständig herausgekehrt. Solche Menschen haben es nie gelernt, auch mal die zweite Geige zu spielen und tun sich unglaublich schwer damit zurückzustecken, um einem anderen den Vortritt zu lassen.

Eine dritte Ursache für unsere Anfälligkeit in Sachen Neid und Eifersucht finden wir in einem leistungsorientierten Konkurrenzdenken und dem Hang, uns ständig mit anderen zu vergleichen. Auch das beginnt häufig schon in der Kindheit.

Vielleicht kamen Sie voller Stolz mit einer „Zwei" nach Hause und die erste Frage Ihrer Eltern lautete: „Was hat denn deine Freundin für eine Note?" War die Leistung der Freundin schlechter, wurden Sie für Ihre „Zwei" gelobt. War Ihre Freundin besser und hatten mit ihr noch weitere zehn Kinder eine „Eins", dann wurden Sie getadelt. „Das" hätten Sie ja wohl auch schaffen können!

Nicht Ihr Einsatz, Ihr Fleiß und Ihre Leistung *an sich* wurden bewertet, sondern Ihre Leistung im Vergleich mit anderen. Im Sport gab es immer jemanden, der schneller, geschickter und torgefährlicher war als Sie. Im Chor hatte immer jemand eine schönere Stimme und durfte ein Solo singen. Und die Tochter der Nachbarin wurde Ihnen auch ständig als leuchtendes Vorbild vor Augen geführt, weil diese immer so nett und adrett aussah und nicht so schlampig herumgelaufen ist wie Sie.

Aber nicht nur unsere Kindheit durchzog dieses Vergleichsdenken, sondern auch als Erwachsene konkurrieren wir ständig mit anderen. Die Werbung, welche unsere Kauflust anstacheln soll, macht sich das zunutze und suggeriert permanent die Botschaft: Das, was du bist, was du kannst und was du hast, reicht nicht aus! Denn die Nachbarin, die Kollegin und die Freundin haben mehr, sind kompetenter, gebildeter und weitaus attraktiver als du. Dahinter willst du ja wohl nicht zurückstehen wollen! Also brauchst du auch das größere Haus, das dickere Auto und die modernere Technik, um in Sachen Information wirklich auf dem neuesten Stand zu sein! Und die eine oder andere Investition in dein Äußeres, in dein Outfit und in deine Fitness ist auch dringend vonnöten, denn *so* läuft niemand, der halbwegs etwas auf sich hält, herum!

Durch diesen ständigen Vergleich mit anderen bleiben wir nicht bei dem, was *wir* wollen, was *wir* können und was zu *uns* passt, sondern setzen unser Leben immer in Beziehung mit anderen. Wir bewerten unser Tun und Lassen aus dem Vergleich mit anderen. Das ist der perfekte Nährboden für Neid und Eifersucht!

Eine ungesunde Selbstwahrnehmung nach oben oder unten und ein starkes Vergleichsdenken sind also Hauptauslöser für neidische und eifersüchtige Gefühle. Die Ursachen und Entstehung problematischer Gedanken und Gefühle zu verstehen, ist meines Erachtens immer der erste und wichtigste Schritt, um dann auch ein verändertes Denken und Verhalten einzuüben.

Finden Sie Ihre typischen Reaktionsmuster heraus

Bevor wir uns einige konstruktive Wege aus der Neidfalle anschauen, möchte ich Sie auf ein paar typische Reaktionsmuster aufmerksam machen, die wir alle kennen und wahrscheinlich auch alle schon einmal „angewandt" haben, wenn der Neid uns am Wickel hatte: Wir machen das, was wir dem anderen neiden, schlecht (um ihn auf unsere Ebene herunterzuziehen), ignorieren ihn (um ihn „abzustrafen") oder versuchen, kräftig dagegenzuhalten (um selbst besser dazustehen).

Ihre Bekannte erzählt Ihnen strahlend von ihrem erfolgreichen Bewerbungsgespräch. Suuuper sei es gelaufen, der Chef sei begeistert von ihr gewesen und wollte sie am liebsten direkt vom Fleck weg einstellen. Ein bombiger Job sei das, mit angenehmen Arbeitszeiten und noch viel angenehmerer Bezahlung. Endlich könne sie wieder in ihren Beruf einsteigen und ihre Kompetenzen voll zur Entfaltung bringen!

„Toll", denken sie. „Ich suche auch schon seit Monaten einen Job, aber erlebe einen Flop nach dem anderen. Ich würde auch gerne meine Begabungen und beruflichen Qualifikationen ausbauen, aber bei mir läuft es nie suuuper, sondern es hagelt immer nur Absagen." Und auf einmal ist es da, dieses neidische Gefühl!

Laut sagen Sie: „Na ja, hört sich ja erst mal toll an. Aber wer weiß, wie du in ein paar Monaten redest. In Bewerbungsgesprächen wird einem ja oft wer weiß was versprochen und die Wirklichkeit sieht dann leider oft ganz anders aus. Außerdem: Jeden Morgen so früh aufstehen und durch den Berufsverkehr schleichen, das wär für mich absolut nichts! Und sooo doll ist die Bezahlung ja nun auch nicht. Wie viel hast du abzüglich der Spritkosten am Ende des Monats überhaupt noch übrig?"

Sie schießen lauter kleine Pfeile ab, die den Erfolg der anderen kleinreden und ihn schlechtmachen sollen.

Oder Sie sagen, wenn die andere mit ihrer Erfolgsstory so richtig in Fahrt ist: „Sorry, aber ich habe gerade gar keine Zeit. Ich habe im Moment total viel zu tun. Vielleicht erzählst du's mir wann anders mal." Oder, wenn Ihre Bekannte im Freundeskreis von ihrem neuen Job schwärmt, ignorieren Sie einfach ihre Erzählungen und wechseln ganz schnell das Thema.

Die Aufschrift auf diesem Pfeil lautet: „Was du mir da erzählst, interessiert mich überhaupt nicht. Du und dein ach so toller Erfolg sind mir völlig egal. Es gibt zig Sachen, die mir wichtiger sind."

Eine andere bewährte Methode: Sie halten direkt dagegen! Was? Die andere will mich beeindrucken? Na, der zeig ich mal, was *ich* alles drauf hab! Und dann packen Sie aus. Aber so richtig: *Mein* Haus, *mein* Auto, *meine* Karriere, *meine* Familie … Sie plustern sich ganz gewaltig auf, um sich selbst wichtig zu machen. (Tiere legen dieses Imponiergehabe übrigens auch an den Tag, um den Gegner kleinzuhalten und einzuschüchtern. Sie stellen ihr Fell oder Federkleid auf, um sich damit dicker und größer zu machen, als sie eigentlich sind. Daher kommt auch der Begriff „sich aufplustern".)

Kennen Sie diese Reaktionsmuster? Ich kenne sie nur allzu gut. Und wir alle haben wahrscheinlich schon einmal versucht, unseren Neid in den Griff zu bekommen, indem wir diese kleinen, giftigen Pfeile abgeschossen haben, die den anderen, auf den wir so neidisch sind, treffen und uns wieder ein besseres Gefühl geben sollen. Ich bin aber der Überzeugung, dass diese Reaktionsmuster nicht hilfreich sind. Denn wir setzen uns dabei nicht mit dem Eigentlichen, nicht mit unserer Enttäuschung, mit unserem Schmerz, mit unserer Verunsicherung oder dem Gefühl, zurückgesetzt zu sein, auseinander, sondern starten einfach nur eine Gegenattacke, um diese schmerzhaften Gefühle nicht aushalten zu müssen.

Gehen wir so vor, vergiften wir darüber hinaus auch das Verhältnis zum anderen. Denn der andere ist verständlicherweise enttäuscht und verletzt, weil wir uns so gar nicht mit ihm freuen wollen. Reagieren wir häufig auf diese Weise, werden uns unsere Mitmenschen wegen unserer missgünstigen Reaktionen immer öfter meiden. Wir verbauen uns mit unseren neidischen Attacken auf den anderen also das Erleben echter Freundschaften und tragfähiger Beziehungen und schaden uns selbst unterm Strich am meisten.

Den anderen kleinmachen, ihn ignorieren oder uns aufplustern sind meines Erachtens also keine hilfreichen Wege, um unseren Neid in den Griff zu bekommen.

Aber – was könnten wir denn stattdessen tun?

Holen Sie Ihren Neid ans Licht und geben Sie ihn zu

Wenn wir mit „schwierigen" Gefühlen in unserem Innern zu tun haben, neigen wir alle dazu, diese Empfindungen zu verdrängen, nicht hinzugucken und schon mal gar nicht darüber zu sprechen. Das ist durchaus verständlich, weil wir uns für diese Gefühle schämen und uns dem damit verbundenen Schmerz nicht stellen wollen. Aber im Verborgenen und in der Dunkelheit bleiben diese Dinge unfassbar und breiten sich erst so richtig aus. Sie treiben in unserem Unterbewussten ihr Unwesen, steuern uns von dort aus und brechen in den unmöglichsten Situationen unkontrolliert hervor.

Veränderung und Befreiung erfahren wir erst, wenn wir das störende Gefühl an die Oberfläche holen, einmal richtig anschauen und ... zugeben. „Ja, so ab und an oder durchaus auch öfter fühle ich mich anderen Menschen unterlegen, kämpfe mit dem Gefühl einer Minderwertigkeit und reagiere dann mit Neid."

Wenn wir diese Gefühle „hochholen", ist es wichtig, dass wir sie erst einmal stehen lassen und Ja zu ihnen sagen. Wir sollten sie nicht direkt wieder wegsperren und mit dem Etikett versehen: „So etwas darf man nicht denken und fühlen". *Das* ist kein Zugeben, *das* ist kein Bekennen. Bekennen und zugeben heißt Ja sagen: „Ja, so ist es! Ja, so bin ich!"

Ich glaube, dass der Weg einer Veränderung immer über das Bejahen geht und nicht über eine Kampfansage. Aber so machen wir es ja meistens: Wir entdecken einen unguten Charakterzug oder unangenehme und störende Gefühle an uns, wie z. B. Neid und Eifersucht. Und weil wir diese Gefühle verständlicherweise nicht mögen, lehnen wir sie ab und fangen an, wie wild dagegen anzukämpfen. Bei solch einem Kampf ziehen wir aber fast immer den Kürzeren. Irgendwann beginnen wir dann, uns für diese Schwäche zu verachten und abzulehnen. Aber Verachtung und Ablehnung bringen niemals Veränderung mit sich, sondern immer nur eine Verschärfung der Problematik.

Etwas zugeben und ein Fehlverhalten zu bekennen kann dagegen eine sehr befreiende und entlastende Erfahrung sein. Endlich darf etwas raus, das wir mühsam und mit viel Kraftanstrengung versteckt hielten. Vieles verliert schon durch dieses „ans Licht holen" seine Macht über uns. Dunkle Gedanken und Gefühle sind äußerst lichtscheu, weil sie wissen, dass es ihnen ans Leder geht, wenn man sich intensiver mit ihnen auseinandersetzt. Deswegen werden wir auch in der Bibel immer wieder aufgefordert, unsere dunklen Seiten und unsere Schuld zu bekennen und mit ihnen aus der Dunkelheit ins Licht Gottes zu treten. Dieses „Schuld bekennen" dient unserer Befreiung und soll uns nicht demütigen oder erniedrigen.

Wenn wir dann noch einen Schritt weiter gehen und uns auch anderen Menschen gegenüber öffnen und mitteilen, entdecken wir ganz schnell, dass auch andere diese „schwierigen" Gefühle kennen. Auch andere fühlen sich immer mal wieder wertlos und ungeliebt und schlagen sich mit neidischen Gefühlen herum. Wir wissen diese Dinge oft nur nicht voneinander, weil wir unsere Schwächen vor anderen gerne verstecken.

„Ans Licht holen" bedeutet auch, dass wir beginnen, uns mit der Thematik stärker auseinanderzusetzen und mal etwas genauer hinschauen, in welchen Situationen wir zum Beispiel verstärkt mit Eifersucht reagieren. Bei welchen Menschen oder bei welchem Menschentyp springt der Neid in uns an und warum ist das so? Was „haben" diese Menschen, was wir auch gerne hätten? Wo spüren wir Mangel in unserem Leben und was fehlt uns?

Es ist nicht leicht, sich diese Fragen zu beantworten. Wenn wir aber wirklich in der Tiefe verändert werden wollen und nicht nur ein bisschen Symptomkosmetik betreiben möchten, kommen wir nicht umhin, uns mit den tiefer sitzenden Beweggründen und Auslösern problematischer Gefühle auseinanderzusetzen.

Öffnen Sie sich für die Liebe Gottes

Es fällt uns so schwer, unangenehme Gefühle und Gedanken zuzugeben, weil wir Angst haben, abgelehnt zu werden, wenn wir unsere dunklen Seiten offenbaren.

Das größte Geschenk, was Gott uns Menschen an dieser Stelle macht, ist die Zusage seiner bedingungslosen Liebe. Bedingungslos heißt, dass Gott uns nicht erst oder nicht nur liebt, wenn wir die dunklen Seiten und Schwachpunkte unseres Lebens unter die Füße bekommen haben, sondern unabhängig davon. Gottes Liebe zu uns ist eine Liebe ohne Wenn und Aber, eine Liebe auf Vorschuss. Eine Liebe, die sich nicht zurückzieht, wenn sie mit dem Schmutz unseres Lebens in Berührung kommt, sondern gerade da hineinreichen will. Gott ist in Christus für all das Zerstörerische in unserem Leben ans Kreuz gegangen und hat alles Trennende besiegt und überwunden – auch unseren Neid. Wir dürfen dieses „für uns" als Geschenk annehmen und uns der uneingeschränkten Liebe Gottes gewiss sein.

Das ist die Kernbotschaft des christlichen Glaubens: „Du wirst von Gott wie verrückt geliebt. Und all das Zerstörende in dir, gegen das du sowieso keine Chance hast, wurde von Gott bereits beiseite geräumt und braucht keine Macht mehr über dich zu haben."

Wenn Sie das glauben und verinnerlichen, dann gehen Sie ganz anders mit Ihren Schwachpunkten um. Sie kämpfen dann nicht mehr verkrampft und verbissen dagegen an, sondern können ganz gelassen und entspannt in kleinen Schrittchen Neues einüben. Denn Sie wissen dann, dass Ihre eigentliche Substanz, nämlich dass Sie ein von Gott geliebter Mensch sind, auch durch Ihre Defizite, die sich immer wieder bemerkbar machen, nicht infrage gestellt werden kann!

Die Erfahrung dieser Liebe und Annahme Gottes ist dann auch *das* Heilmittel für unsere Schräglage in Sachen Selbstwertgefühl. Gott sagt Ihnen zu: „Du bist unendlich wertvoll in meinen Augen und einzigartig geschaffen. Ich habe dich mit ganz viel Stärken und Begabungen ausgestattet. So, wie du in dieser Welt lebst und dich einbringst, kann niemand anders es tun. Weil du ein Original bist! Deswegen brauchst du keine Angst vor anderen und ihrer vermeintlichen Überlegenheit zu haben. Denn andere können ja nicht *deinen* für dich vorgesehenen Platz einnehmen, können nicht *deine* Begabungen entfalten oder *dein* Leben leben. Das kannst nur du! Aber du hast auch deine Begrenzungen. Und deswegen brauchst du andere Menschen, die deine Schwächen mit ihren Stärken ausgleichen. Sie sollen keine Bedrohung, sondern eine Ergänzung für dich sein. Du brauchst sie und sie brauchen dich. Wenn ihr miteinander statt gegeneinander arbeitet, könnt ihr gemeinsam Großartiges auf den Weg bringen!"

Betrachten Sie den Neid als Wegweiser

Wenn wir gegen Neid und Eifersucht in unserem Leben nicht nur ankämpfen, sondern uns diesem Gefühl stellen, uns ihm zuwenden und hören, was es uns zu sagen hat, dann kann Neid auch ein ganz wichtiger Wegweiser sein. Ein Wegweiser zu einem Mangel in unserem Leben, mit dem wir uns dringend auseinandersetzen sollten.

Ihnen fehlt etwas und Sie müssen auf etwas verzichten, was Sie sich so sehr wünschen! Und weil ein anderer etwas hat, was Sie selbst schmerzlich vermissen, reagieren Sie mit Neid. Hinter diesem Neid steckt eigentlich eine große Trauer. Und tatsächlich ist Neid häufig eine Form der Trauer – die aggressive und stachelige Seite von ihr.

Da hat eine Bekannte z.B. eine intakte, heile Familie, während bei Ihnen zu Hause alles aus dem Ruder läuft und Ihre Kinder überall unangenehm auffallen. Oder das Thema „Familiengründung" ist für Sie sowieso ein Reizthema, weil Sie gar keine Kinder bekommen können.

Da hat Ihre Freundin einen unterhaltsamen und lebenslustigen Mann, während Sie zu Hause einen alten Griesgram sitzen haben, dem Sie jedes Wort aus der Nase ziehen müssen und der sich am Wochenende keinen Zentimeter von der Couch wegbewegt.

Da ist die Kollegin, die immer topmodisch angezogen, geschminkt und gestylt ist. Und weil auch Sie einen guten Geschmack und viel Sinn für Ästhetik und Schönheit haben, würden Sie auch gerne mehr in schicke Kleidung, einen guten Frisör und ansprechendes Make-up investieren. Aber bei Ihnen ist dafür kein Geld da oder Ihnen wurde immer eingetrichtert, solche Dinge seien unwichtig und überflüssiger Luxus – schließlich käme es auf die inneren Werte eines Menschen an!

Möglicherweise reagieren Sie in der Begegnung mit diesen Menschen mit Neid. Aber hinter diesem Neid steckt keine blanke Bosheit, sondern eigentlich eine große Trauer über Nicht-Erreichtes, Nicht-Gelungenes und Nicht-Gewordenes in Ihrem Leben.

Die Erkenntnis: *Hinter meinem Neid steckt eigentlich ein schmerzhaftes Verlustgefühl* ist eine hilfreiche Einsicht auf dem Weg hin zur Befreiung von Neid und Eifersucht. Wir kämpfen dann nicht einfach nur gegen das Symptom „Neid" an, sondern setzen uns mit dem auseinander, was *dahinter* steckt.

Was machen wir nun aber mit diesem Verlustgefühl und mit unserer Trauer?

Manches im Leben können wir tatsächlich nur als gegeben hinnehmen, bestenfalls annehmen. Das gilt für Dinge, die für uns wirklich unerreichbar oder unwiederbringlich vorbei sind. Dinge, die uns – egal wie wir's drehen und wenden – einfach verwehrt geblieben sind oder an denen wir nichts ändern können. Das kann eine Behinderung oder eine unheilbare Krankheit sein, das kann unfreiwillige Kinderlosigkeit sein oder die Tatsache, dass wir älter werden und die damit verbundenen Begleiterscheinungen nicht aufhalten können. Das kann eine schwierige Lebensgeschichte sein oder eine belastende Familiensituation, in die wir hier und heute hineingestellt sind. Es kann eine bestimmte Persönlichkeitsstruktur oder eine Gabenkonstellation sein, die so und nicht anders in uns angelegt ist und die wir auch nicht einfach austauschen können. Es gibt so manches im Leben, an dem wir nichts oder nur sehr wenig ändern können. Es ist wichtig, dass wir uns mit dem Nicht-Erreichen dieser Dinge oder ihrem Verlust wirklich auseinandersetzen und sie abtrauern. Erst dann kommen wir zur Ruhe und können uns mit unserem Schicksal aussöhnen. Und erst dann werden wir dieses giftige Gefühl Eifersucht wieder los, was sich sonst immer wieder einstellt, wenn jemand anderes etwas hat, was uns verwehrt geblieben ist.

Wer weiß, vielleicht wäre dem armen Schneewittchen sein Schicksal erspart geblieben, wenn die Königin sich mit ihrem Alterungsprozess auseinandergesetzt und diese Lebensphase angenommen hätte, statt verbissen an dem Wunsch festzuhalten, für immer „die Schönste im ganzen Land" zu bleiben.

Andere Dinge wiederum müssen wir gar nicht als gegeben hinnehmen. Es gibt durchaus vieles in unserem Leben, mit dem wir uns nicht abfinden müssen, sondern das verändert oder zumindest befriedigender gestaltet werden kann. Hier kann uns unser Neid durchaus ein guter Wegweiser zu unseren Bedürfnissen sein. Er mahnt uns, dass wir uns mit unseren Wünschen auseinandersetzen und für ihre Erfüllung und Verwirklichung kämpfen müssen.

Unser Neid meldet sich vor allem dann, wenn jemand anderes etwas lebt, das auch in uns angelegt ist, was wir aber aus irgendwelchen Gründen vernachlässigen. Wir werden nicht auf jemanden neidisch sein, der etwas tut oder hat, wozu wir überhaupt keinen Bezug haben. Nur da, wo das Handeln oder Sein des Anderen eine Entsprechung in uns findet, werden in uns die eifersüchtigen Gefühle zum Leben erwachen.

Wenn Sie z.B. sehr musikalisch sind, aber dieser Begabung in Ihrem Leben keinen Raum geben, dann werden Sie vermutlich besonders mit Neid auf Frauen reagieren, die ihre musische Begabung ausleben. Denn die Begegnung mit diesen weckt eine

Sehnsucht nach etwas, was auch in Ihnen steckt. Aber im Gegensatz zu der anderen leben *Sie* Ihr Talent nicht aus, sondern lassen es verkümmern. Ihr Neid macht Sie darauf aufmerksam und wird erst zur Ruhe kommen, wenn Sie hier etwas ändern. Warum also nicht noch einmal ein Instrument lernen, sich einer Band anschließen, in einem Chor mitsingen und öfter Konzerte besuchen?

Oder Ihre Eifersucht meldet sich im Kontakt mit Frauen, die ein erfülltes Berufsleben haben. Wahrscheinlich steckt auch in Ihnen sehr viel Kompetenz, die an den Mann oder an die Frau gebracht werden will. Nehmen Sie den Neid doch mal als Aufforderung hinzuschauen, wo *Ihre* Begabungen und *Ihr* Knowhow stecken, die Sie im Rahmen Ihrer Möglichkeiten noch vertiefen und ausbauen könnten.

Oder Sie sind neidisch auf Ihre Bekannte, die unglaublich viel erlebt und ständig Neues und Interessantes zu berichten hat. Anscheinend sind auch Sie ein unternehmungslustiger und initiativer Typ und brauchen für Ihr Wohlbefinden stetig neue Impulse und Anregungen von außen. Aber aus irgendwelchen Gründen versagen Sie sich diese oder Ihre Lebenssituation scheint im Moment nicht mehr Bewegung herzugeben. Schauen Sie doch mal hin, ob da nicht doch etwas bei Ihnen geht! Was würden Sie denn gerne mal unternehmen und welche Aktivitäten würden Sie inspirieren? Das müssen ja nicht immer spektakuläre und teure Dinge sein, vielfach geht es auch eine Nummer kleiner. Manchmal reicht schon eine winzige Veränderung in die richtige Richtung und wir fühlen uns mit uns und unserem Leben direkt viel wohler.

Geben Sie nicht so schnell auf, sondern nehmen Sie das Aufblitzen Ihrer Neidgefühle zum Anlass, alle Energie darin zu setzen, Ihr Leben so befriedigend und erfüllend wie möglich zu gestalten. Sie werden merken: Wenn Sie Ihren Wünschen und Sehnsüchten nachspüren, auf die der Neid Sie aufmerksam macht, wenn Sie beginnen, diese Wünsche in kleinen, konkreten Schritten Wirklichkeit werden zu lassen, werden Ihre neidischen Gefühle Ruhe geben. Sie haben ja nun begonnen, Ihr Leben so zu gestalten, dass Sie sich darin richtig wohlfühlen. Warum also sollten Sie noch neidisch auf andere sein?

Hören Sie auf, sich zu vergleichen!

Um dem Neid den Nährboden zu entziehen, ist es wichtig, dass Sie aufhören, sich mit anderen zu vergleichen. Vergleichen ist wie Dünger für das Unkraut Eifersucht und hat absolut keinen Nutzen für unser Leben!

Ist Ihnen mal aufgefallen, dass der Vergleich mit anderen Menschen nie auf Augenhöhe geschieht? Kann er auch gar nicht, weil es nicht einen einzigen Menschen auf dieser Welt gibt, der mit exakt gleichen Grundvoraussetzungen lebt und ausgestattet ist wie Sie. Der andere, mit dem Sie sich messen, hat eine andere Biografie, eine andere Familie, einen anderen Bildungs- und Berufsweg, andere Begabungen und Fähigkeiten, eine andere körperliche Verfassung und andere Stärken und Schwächen in seiner Persönlichkeit.

Wenn wir uns vergleichen, ist das häufig eine ganz unfaire Geschichte. Wir neigen nämlich dazu, unser Schlechtestes mit dem Besten eines anderen zu vergleichen.

Nehmen wir noch einmal meine nicht ganz so erfolgreiche Shoppingtour, von der ich Ihnen anfangs erzählte. Wenn ich mich als Frau jenseits der Lebensmitte, die bereits mehrere Kinder geboren hat, in Sachen Figur und Aussehen mit einer jungen Frau in den Zwanzigern vergleiche, dann kann das nur schiefgehen, weil das ein höchst unfairer Vergleich ist.

Wenn Sie sehr schwierige Kinder oder Teenager haben und Sie vergleichen Ihr Familienleben mit dem einer Familie, in der scheinbar alles perfekt und vorbildlich läuft, dann ist das ein unfairer Vergleich.

Wenn Sie momentan arbeitslos sind und vergleichen Ihren Alltag und Ihre finanziellen Möglichkeiten mit denen einer Bekannten, die einen gut bezahlten Job hat, dann sind Sie sich selbst gegenüber nicht besonders fair.

Wenn Sie chronisch krank sind und vergleichen Ihre körperliche Leistungsfähigkeit mit jemandem, der vor Energie nur so strotzt, weil er höchstens mal einen kleinen Schnupfen hat, dann ist das unfair.

Aber so läuft das bei uns ganz oft. Wir sind in irgendeinem Bereich unseres Lebens mit uns unzufrieden und suchen uns als Vergleichspunkt ausgerechnet jemanden aus, der in *diesem* Bereich nahezu perfekt ist und scheinbar alles hat, was uns fehlt. Alles andere, was vielleicht auch noch zu dem anderen und seinem Leben gehört, blenden wir total aus. Dadurch entsteht aber ein ganz verzerrtes Bild und wir machen uns noch unglücklicher, als wir ohnehin schon sind. Wir bieten Neid und Eifersucht die perfekte Angriffsfläche.

Wenn wir dagegen unseren Blick nicht nur auf das Eine fokussieren, das wir so bewundern, sondern versuchen, das Gesamtbild zu betrachten, dann werden wir ganz schnell entdecken: Der andere, den wir so beneiden, hat auch seine Schwächen, Probleme und Dinge, die ihm im Leben verwehrt sind. Auch der andere hat sein Päckchen zu tragen, hat seinen Kummer und seine Schwierigkeiten, die er überwinden muss.

Manches davon fällt, wenn wir mal genauer hinschauen, direkt ins Auge. Anderes wissen wir oft auch nur nicht voneinander.

Statt zu vergleichen mit oben oder unten, mit rechts oder links, sollten wir unseren Blick lieber auf uns selbst und auf all das, was Gott uns an Gutem, an Begabungen und Kompetenzen geschenkt hat, richten. Dankbarkeit für unser Leben und das, was uns darin alles mitgegeben wurde, lässt das Neidpflänzchen in uns ganz schnell verdorren.

Und ich bin der Überzeugung, dass sich in jedem Leben ganz viel Gutes und Starkes finden lässt; auch in Ihrem Dasein! Auch bei Ihnen gibt es viel Befähigung, die Ihnen anvertraut wurde. Auch bei Ihnen gibt es vieles, auf das Sie im positiven Sinne stolz sein können und ganz viele Geschenke, die Ihnen von Gott mitgegeben wurden. Sie müssen diese nur entdecken, auspacken, nutzen und für sich und andere einsetzen.

Beginnen Sie, aus Ihrem Leben das Beste zu machen, und neidische Gefühle werden bei Ihnen bald nur noch unbedeutende Zaungäste sein!

Selbstbewusst und trotzdem treu

Bis dass der Tod uns scheidet –
ist das noch was für Frau von heute?

Die große Liebe erkennt man nicht an ihrer Stärke, sondern an ihrer Dauer.

Robert Poulet

Da sitzen sie und strahlen aus allen Knopflöchern über ihr neu gewonnenes Glück als Wieder-Singlefrauen: Susanne Fröhlich, Dana Schweiger, Christine Neubauer und wie sie alle heißen. Toll sehen sie aus, eben so richtig ... glücklich. Perfekt geschminkt und gestylt verströmen sie aus allen Poren die Botschaft: Trennung schmerzt einen kurzen Augenblick, aber das darauf folgende Glück in der Freiheit als Alleinlebende wiegt alles auf.

Späte Trennung
   Laut der Frauenzeitschrift, die ich in Händen halte, stehen diese prominenten Frauen für einen ganz neuen Trend: die späte Trennung. Gemeint sind Paare, die die Silberhochzeit bereits erreicht oder hinter sich haben und die nun feststellen, dass ihre Ehe zu routiniert, zu langweilig und zu wenig inspirierend geworden ist. Zu wenig Neues – dafür umso mehr Alltag und gewöhnliches Einerlei. Gerade Frauen seien nicht bereit, diesen Status quo noch länger hinzunehmen, und so ginge auch der Trennungswunsch weitaus häufiger von den Frauen als von den Männern aus. Und – Gott sei's gedankt – mit dem neuen Selbstbewusstsein der Frau stehe dem Wunsch nach Trennung

und einem eigenständigen Leben, besonders für die Frau jenseits der Vierzig, heutzutage nichts mehr im Wege. Keine kleinen Kinder mehr, derentwegen man an der Ehetristesse festhalten müsse, und ein Beruf, der die finanzielle Basis des Alleinlebens sichert, ist meistens auch vorhanden. Dazu eine Persönlichkeit, die stark, kompetent und selbstbewusst ist. Frau von heute weiß, was sie will, und kommt ganz gut allein zurecht. Den Mann brauche man in dieser Lebensphase eigentlich nicht mehr: Weder als Erzeuger der Kinder noch als Ernährer noch als starke Schulter zum Anlehnen. Also: Warum noch länger die schale Ehesuppe auslöffeln, die man sich vor zwanzig oder dreißig Jahren eingebrockt hat?

Wer das Leben liebt – so kann ich lesen –, mag sich nicht abfinden mit Gewöhnlichkeiten, will stattdessen neue, intensive Erfahrungen, will aufblühen, will frei, mobil und erfolgreich sein. Will Glück statt Kittelschürze, will Freiheit statt Einschränkung.

Mir wird ganz schlecht bei der Vorstellung, wie diese Meinungsmache über das Glück der späten Trennung durch unsere Wohnzimmer, Frisörsalons und Warteräume geistert. Ich fühle mich als Langzeit-Ehefrau in die Ecke gestellt und als verhuschtes Mäuschen und Langweilerin gebrandmarkt, die verhärmt und ohne jeden Funken Selbstbewusstsein zu Hause hockt und ihr abgestandenes Süppchen löffelt. Wenn ich mich nicht gerade an der starken Schulter meines Mannes anlehne, in der Hoffnung, von ihm ein paar Scheinchen zugesteckt zu bekommen, damit ich mir mal was Nettes kaufen kann. Am liebsten würde ich sagen: „Sag mal, geht's noch?" Was ist denn das für eine verdrehte Sicht von Ehe und an was für Klischees wird denn hier gebastelt?

Tiefe Wunden

Das hier gezeichnete Bild von der glücklichen, aufblühenden Wieder-Singlefrau, die ihre Ehe als vorübergehende Phase ihres

Lebens abhakt und voller Freude, Lebenslust und Erwartung in ihr „neues" Leben startet, ist ganz bestimmt nicht die Regel. Wenn ich an Freundinnen und Bekannte denke, die sich nach langer Zeit getrennt haben, sind tiefempfundene Enttäuschung und Bitterkeit, schlaflose Nächte, Trauer, Wut und unendlicher Schmerz weitaus häufiger. Und das zu Recht! Der Verlust dessen, was einmal war, inklusive all der hellen und schönen Zeiten, die man ja *auch* miteinander gehabt hat, reißt ein riesengroßes Loch in die Seele, welches lange, sehr lange braucht, um zu heilen. Ganz zu schweigen von all den Stressoren, die das Auseinanderbrechen von Familie und Freundeskreis und ein Neu- und Umorganisieren des Alltags mit sich bringt. Auch wenn die Kinder nicht mehr klein, sondern bereits Jugendliche oder selbstständige Erwachsene sind – das Auseinanderbrechen der Ursprungsfamilie hinterlässt auch bei ihnen tiefe Erschütterungen und ein Gefühl der Entwurzelung. Denn Familie, so wie sie diese bisher erlebt haben, wird es fortan für sie nicht mehr geben.

Die Trennung mag manchmal unumgänglich sein. Es liegt mir fern, ein Urteil über jene zu sprechen, die nach langem Ringen und Kämpfen ihre Ehe aufgeben, weil ein Zusammenleben trotz aller Bemühungen und Versuche nicht gelingt. Und ja, man kann ganz sicher darüber hinwegkommen – nicht zuletzt dadurch, dass man Vergangenes hinter sich lässt und den Blick auf das richtet, was das Leben an Gutem für einen bereithält. Aber die Belastung einer Trennung als harmlose Durchgangsstation zu bewerten, wird dem Ganzen absolut nicht gerecht.

„Es kann jedoch nicht oft genug betont werden, dass ein Trennungsprozess mit Sicherheit mehr Leiden bringt und erheblich mehr an Bewältigung erfordert als der Versuch eines Neubeginns. Der Mythos ‚wenn es nicht funktioniert, geht man eben auseinander', enthält eine schreckliche Ignoranz gegenüber dem Leiden von Menschen in Trennungsprozessen. Würden die Partner die

Energie, die eine Trennung erfordert, in die Verbesserung ihrer Beziehung investieren, würde sich wohl ein Großteil der Partnerschaften wieder zufriedenstellend gestalten lassen."[8] Das Leiden aller Beteiligten bei einer Trennung gilt es daher abzuwägen gegen die Alternative. Und die Alternative heißt ja nicht „schales Süppchen", Langeweile oder Dauerstress. Nein, es geht darum, sich immer wieder neu auf den Weg hin zu einer erfüllten Beziehung zu machen. Zugegebenermaßen bedeutete das oft viel Arbeit und Investition. Aber das – der Überzeugung bin ich nach fast dreißig Ehejahren immer noch – lohnt sich!

Der Wert der Alltagsliebe

Der verstehende Blick, das einvernehmliche Schweigen, das „Auf-dein-Wohl" über die Köpfe vieler feiernder Freunde hinweg, die kurze Berührung, der helfende Handgriff, die gemeinsamen Mahlzeiten, das „Ründchen", das man am Abend noch mit dem Hund dreht, das gemeinsame Fernsehgucken, der kurze Begrüßungskuss – alles nur schales Süppchen? Sicher nichts Besonderes. Kein emotionaler Höhenrausch und kein erotisches Feuerwerk, sondern Alltagsliebe. Mich irritiert, wie selbstverständlich diese gewohnten und alltäglichen Dinge mit Langeweile und Tristesse gleichgesetzt werden. Dagegen wird jede Veränderung und jede neue Erfahrung, auch in Sachen Partnerschaft und Sexualität, zum Synonym für sprudelndes und erfülltes Leben. Aber sprudelndes Leben braucht eine Quelle, aus der es gespeist und genährt wird. Und diese Quelle heißt Verbindlichkeit, Treue, Verlässlichkeit und bedingungslose Liebe.

Wer diese Alltagsliebe kleinredet und ihr ihren Wert abspricht, verkürzt Liebe auf emotionale Highlights. Diese Highlights muss es auch geben. Natürlich. Aber neben dem Funkenschlag braucht jede Beziehung auch die dauerhaft wärmende Glut der Alltagsliebe!

Die Liebe zum Leben lässt sich auch und gerade in der Ehe leben. Denn die Liebe zum Leben bedeutet nicht nur Sehnsucht nach neuen, prickelnden Erfahrungen, nach Inspiration und Freiheit, sondern beinhaltet auch die ganz tiefe Sehnsucht, ohne Wenn und Aber geliebt zu sein, nach Geborgenheit, Beständigkeit und verbindlicher Zuwendung.

Solch eine Liebe braucht Zeit, sich zu entwickeln. Denn in dem Erleben, alle Höhen und Tiefen des Lebens miteinander meistern zu können, und in dem Wissen, vom Partner durch und durch gekannt und trotzdem geliebt zu sein, blühen wir auf und erfahren Leben, wie Gott es gemeint hat. Die Liebe zum Leben kann sich *gerade* in einer lebenslangen Beziehung wunderbar entfalten!

Unterschiedliches nebeneinander

Natürlich brauchen wir auch neue Impulse, natürlich besteht die Gefahr, dass Ehe nach Jahrzehnten zu einer gähnend langweiligen Tretmühle wird oder zu einem gewohnheitsmäßigen Nebeneinanderher. Die Sehnsucht nach Bewegung und nach neuen Impulsen ist dann durchaus berechtigt. Und tatsächlich sind es oft die Frauen, die sich besonders in der zweiten Lebenshälfte nach mehr Aktivität und Kreativität in der Lebensgestaltung sehnen. Sie haben häufig viel in die Familie investiert und ihr Leben stark auf die Kinder ausgerichtet. Jetzt, wo die Kinder flügge werden, wollen sie noch einmal durchstarten, die neu gewonnene Freiheit genießen und gestalten. Manches muss dann gemeinsam wieder oder neu entdeckt werden und das Gespräch über Wünsche, Vorstellungen und Erwartungen an das Leben noch einmal aufgenommen werden.

Nicht immer gelingt es, an dieser Stelle einen Konsens zu finden. Hier verträgt reife und gestandene Liebe aber durchaus auch getrennte Wege. Ich kann mich auch ohne meinen Partner auf den Weg machen. Ich kann eigene Kontakte und Freundschaften pflegen und eigenen Aktivitäten nachgehen. Kann weiterwachsen, auch wenn der andere stagniert. Kann gehen, wenn er meint, bleiben zu müssen. Darf mich von Neuem inspirieren lassen, auch wenn der andere diese Inspiration nicht braucht. Nur weil unsere Vorstellungen über Lebensinhalte an der einen oder anderen Stelle nicht harmonieren, muss ich mich noch lange nicht gänzlich aus dieser Beziehung verabschieden. Ich darf Unterschiedliches nebeneinander wachsen und sich entfalten lassen.

Selbstbewusst und trotzdem treu

Geht denn das? Es geht! Das Bild der verheirateten Ehefrau, die duckmäuserisch an der Seite ihres Mannes ihr Leben fristet, hat wahrscheinlich in dieser Absolutheit noch nie gestimmt. Denn die selbstbewusste Frau, die weiß, was sie will, und die ihr Leben souverän und selbstständig gestaltet, hat es auch früher schon gegeben. Aber das veränderte Rollenverständnis der Frau in Ehe und Gesellschaft, ihre finanzielle Unabhängigkeit vom Mann und das Wissen, mit ihm auf Augenhöhe zu sein, hat das Selbstbewusstsein der Frauen enorm gepuscht und das Zusammenleben in Ehe, Familie und Gesellschaft existenziell verändert. Gerade in der Ehe ist es nicht unbedingt leicht, diesen Veränderungsprozess fruchtbar und gewinnbringend zu gestalten. Denn eine gute Ehe mit einer Doppelspitze zu führen ist sicher in manchen Punkten herausfordernder als das früher gängige Modell mit dem Mann als Versorger und der Frau als Hüterin des Hauses. Wenn einer das Sagen hat und der andere sich führen lässt, wenn einer vom anderen abhängig ist und es für Alternativen gar keine Möglichkeiten gibt, bleiben einem, natürlich auf Kosten der freien Entfaltung der Frau, so manche Diskussionen und Probleme erspart.

Soll die veränderte Situation nicht zu dem Fazit führen, dass eine lebenslange Bindung zwischen einem Mann und einer Frau heutzutage nicht mehr möglich ist, müssen wir ganz neue Modelle des Zusammenlebens entwerfen. Heißt für mich: Selbstbewusst und trotzdem treu! Frei und unabhängig und trotzdem, oder gerade deswegen, zutiefst bindungsfähig. Selbstständig und dennoch auf Ergänzung angewiesen.

Ich will meine gewonnene Stärke nicht dazu nutzen, dem anderen den Kampf anzusagen, sondern will neben meinem eigenen Wohl auch *sein* Wohl im Blick haben und in ein starkes „Wir" investieren. Ich will Worte wie Treue, Verbindlichkeit und Beständigkeit auch weiterhin nicht aus meinem Wortschatz streichen.

Was bewegt Frauen, die über Jahrhunderte hinweg unter fehlender Wertschätzung gelitten haben, bloß dazu, heute den Spieß umzudrehen und in gleicher Abfälligkeit über das andere Geschlecht zu sprechen? Ist es Rache? Ist es der Wunsch nach Überlegenheit? Es stimmt: Viele von uns brauchen ihren Mann als Ernährer, und den, der ihr Leben managt, nicht mehr. Es stimmt: Frau kommt heute gut allein zurecht. Es stimmt aber auch, dass es nicht im Sinne des Erfinders, und erst recht nicht sein erklärtes Ziel ist, dass wir allein zurechtkommen, sondern dass Mann und Frau sich einander ergänzen. Dazu braucht es gewisslich kein „oben" und „unten", aber ein starkes Miteinander und Füreinander!

Katastrophenglück

Krisen erleben und überwinden

Nicht das Beste zu haben, sondern aus jedem das Beste zu machen, ist Reichtum.

Katastrophenglück. So manch eine von Ihnen wird über dieses Wort gestolpert sein. Katastrophe und Glück – wie passt denn das zusammen?

Auf den ersten Blick harmonieren diese beiden Worte tatsächlich nicht miteinander. Spontan würden die meisten von uns sogar sagen, sie bergen in sich einen unüberbrückbaren Widerspruch. Dennoch habe ich in meinem Leben festgestellt – und diese Erfahrung teile ich mit vielen anderen Menschen –, dass gerade die schweren Zeiten, solche, die wir zunächst einmal als Katastrophe erleben, rückblickend auch die Zeiten sind, die uns am meisten reifen ließen, an denen wir gewachsen sind und die ungeahnte Qualitäten und Kompetenzen in uns haben sichtbar werden lassen. Ja, nicht wenige würden sogar sagen: Das Glück, das ich heute erlebe, die gewonnene Erfahrung und Stärke, die ich erlangt habe, die Fähigkeiten, die ich mir angeeignet habe – all das ist überhaupt erst durch die Krise möglich geworden.

Krisenauslöser

Aber schauen wir uns zunächst einmal an, wie eine Krise in unser Leben hineinkommt. Die Krise definiere ich an dieser Stelle als eine Zeit, die von außergewöhnlich hoher oder lang anhaltender Belastung gekennzeichnet ist, oder aber die extreme Zuspitzung einer Situation, die uns ohnehin schon lange zu schaffen macht.

Da gibt es zum einen die äußeren Einbrüche.

Der Chef zitiert uns zu sich und teilt uns mit, dass unser Arbeitsplatz leider einer Umstrukturierungsmaßnahme zum Opfer fällt. Wir fühlen uns ungerecht beurteilt, weil wir sehr qualifiziert und verlässlich gearbeitet und manch unbezahlte Überstunde abgeleistet haben. Außerdem: Wie sollen wir in unserem Alter noch einen Job finden? Und was soll aus unserem Leben werden, wenn uns keiner mehr haben will?

Bei einer Routineuntersuchung wird bei uns eine schwere Krankheit diagnostiziert. Wir müssen unser Leben nun völlig umstellen und einschränken und wissen überhaupt nicht, wie es weitergehen soll.

Der Partner, ein Elternteil oder eines unserer Kinder wird durch einen Unfall oder ein Unglück plötzlich aus dem Leben gerissen. Der Verlust scheint kaum auszuhalten und wir fragen uns, wie wir jemals wieder halbwegs normal weiterleben können.

Unsere Ehe gerät in eine Krise, und der Mensch, mit dem wir jahrelang das Leben geteilt haben, trennt sich von uns.

Vielleicht tut sich in Sachen Partnerschaft bei uns aber auch gar nichts und der Zustand des Alleinlebens wird für uns zunehmend als unerträglich erlebt.

Eines unserer Kinder schert plötzlich aus und macht große Probleme und die Sorge um dieses Kind treibt uns Tag und Nacht um.

Wir haben uns hoch verschuldet und stehen nun vor unserem finanziellen Ruin.

Oder irgendein anderes, nicht vorhersehbares Unglück trifft uns und wir geraten unerwartet und völlig unverschuldet in große Not.

All diese Einbrüche oder dauerhaften Belastungen können unser Leben in eine schwere Krise stürzen. Die Belastungen, denen manche Menschen über einen kürzeren oder längeren Zeitraum ausgesetzt sind, können uns an unsere Grenzen bringen und zermürbend sein. Dabei ist immer der Betroffene selbst das Maß der Dinge. Bin ich selbst beispielsweise nicht von Arbeitslosigkeit, fehlender Paarbeziehung, einer zerrütteten Ehe, einer schweren Familiensituation oder Schmerzen und Krankheit betroffen, mag ich vielleicht manches als Belanglosigkeit oder als „Eigentlich-ganz–gut-zu-bewältigen" einstufen. Erst, wenn ich selbst in diese Situationen komme, merke ich, wie mir die Worte im Hals stecken bleiben und Verzweiflung über mir zusammenzuschlagen droht. Die Innenansicht einer Sache ist eben immer eine völlig andere als die Perspektive von außen.

Zum anderen gibt es Krisen, die mehr von innen ausgelöst werden. Ein äußeres Ereignis kann dann der letzte Tropfen sein, der das Fass zum Überlaufen bringt, aber das Fass war ohnehin schon randvoll. In unserem Inneren, in unserer Seele, stimmt es schon lange nicht mehr, und unsere Psyche befindet sich bereits seit geraumer Zeit in einem Ausnahmezustand.

Vielleicht haben wir jahrelang in falschen Denk- und Verhaltensmustern verharrt und auf einmal geht die Saat auf, die wir jahrelang gesät haben.

Vielleicht erleben wir, dass Vergangenes, das wir bisher gut verdrängen konnten, auf einmal wieder aufbricht. Plötzlich hält der Deckel auf dem Topf, den wir bis dahin gut verschlossen gehalten haben, nicht mehr, und die ganze Chose fliegt uns um die Ohren. Verdrängte Konflikte, traumatische Kindheitserfahrungen, nicht bekannte und nicht verarbeitete Schuld, geplatzte Träume und unerfüllte Sehnsüchte sind auf einmal wieder da. Bisher bewährte Mechanismen, all diese Dinge in Schach zu halten, versagen nun ihren Dienst, und Unverarbeitetes meldet sich mit aller Macht noch einmal zu Wort und lässt sich auch nicht länger zum Schweigen bringen.

Vielleicht befinden wir uns in der zweiten Lebenshälfte und in Anbetracht des Älterwerdens hat uns eine tiefe Sinn- und Identitätskrise ereilt. Frauen, für die der Beruf Lebensinhalt war und ist, erleben vielleicht, dass ihnen zunehmend Jüngere vor die Nase gesetzt werden, die sie in Leistungsfähigkeit, innovativen Ideen und selbstsicherem Auftreten überflügeln. Frauen, die sich sehr stark über ihr Muttersein definiert haben, merken, dass das Nest langsam leer wird und mit den Kindern auch ein sinnvolles und erfülltes Leben davonzufliegen scheint. Das, was uns bis dahin Erfüllung gegeben hat, löst sich langsam auf, und dahinter scheint sich nichts als gähnende Leere aufzutun.

All das können innere Krisenauslöser sein, denen wir aber, anders als bei den äußeren Einbrüchen, nicht so leicht und schnell auf die Spur kommen. Wir merken nur, dass unsere Seele „plötzlich" streikt und Alarmsignale sendet. Die einen geraten in Depressionen oder werden von unerklärlichen Angstzuständen heimgesucht, andere finden sich in einem Burn-Out wieder oder sind in zunehmendem Maße in einer Abhängigkeit, z. B. einer Alkohol- oder Medikamentensucht, gefangen.

So manch einer, der auf diesem Weg in eine Krise gerät, steht perplex vor seiner „ausgetickten" Psyche und sagt: „Ich weiß überhaupt nicht, was mit mir los ist und warum es mir so schlecht geht."

Wahrscheinlich ist, dass jeder Mensch im Laufe seines Lebens irgendwann einmal in eine wie auch immer geartete Krise gerät. Es gibt kaum jemanden, der vor schweren Zeiten in seinem Leben verschont bleibt. Diese Erkenntnis ist ganz wichtig, denn sie bewahrt uns davor, in Selbstmitleid zu versacken, uns vom Leben in besonders boshafter Weise gestraft zu fühlen oder in einer „Immer-muss-es-mich-treffen-Haltung" zu verharren. Unsere Not, etwas zu versachlichen und als zum Leben dazugehörig einzustufen, kann bereits eine erste Hilfe sein, mit unserer Krise besser fertigzuwerden.

Was ist normal?

Was wir für eine Erwartung an das Leben haben, ist entscheidend dafür, wie wir mit Krisenzeiten in unserem Leben umgehen. Was ist für uns normal? Ist das normal, was in unseren Köpfen an Bildern, Wünschen, Idealen, Vorstellungen und Sehnsüchten herumspukt, oder ist das normal, was die Realität der allermeisten Menschen ausmacht?

Was ist normal: Die sichere, gut bezahlte Arbeit oder häufige Neu- oder Umorientierung bis hin zur Arbeitslosigkeit?

Die strahlende Ramafamilie oder Probleme mit Heranwachsenden?

Die Abwesenheit von Krankheit und Schmerz oder das Erleben von mehr oder weniger starken seelischen oder körperlichen Einschränkungen?

Die bis ins hohe Alter beglückende und erfüllte Ehe zweier Turteltäubchen oder der beständige Kampf um die Zweisamkeit, der mal mehr und mal weniger gelingt?

Was ist normal: Dass das Leben problemlos glückt oder dass sich immer wieder, mit schöner Regelmäßigkeit, Schwierigkeiten auftürmen?

Ich glaube, es liegt auf der Hand: Wenn wir einen Blick in unser eigenes und in das Leben von Freunden und Bekannten werfen, sehen wir schnell, dass Unvollkommenheit, Zerbruch, Schmerz, Leid und Krankheit zu unserer ganz normalen Lebenswirklichkeit dazugehören.

Die Generationen vor uns hatten es leichter, das zu erkennen. Da gehörte die Last des Lebens eben einfach dazu. Punkt. Vielfach gab es gar keine Möglichkeiten, das Leben angenehmer, leichter und beschwerdefreier zu gestalten. Das hat die Fähigkeit heranreifen lassen, sich mit unliebsamen Zuständen zu arrangieren, sie als zum Leben dazugehörig zu akzeptieren und auch inmitten notvoller Situationen Glücksmomente zu ergreifen und zu genießen. Mit dieser Einstellung waren die Menschen früherer Zeiten wahrscheinlich weitaus krisentauglicher als die Menschen des einundzwanzigsten Jahrhunderts.

Denn heute wollen wir uns aller Lasten entledigen (und aufgrund des Fortschritts gelingt uns das vielfach auch) und propagieren ein möglichst schmerzfreies und angenehmes Leben. Das Leid hat nicht mehr seinen Sitz in unserem ganz normalen Leben, sondern wird in Krankenhäusern, Psychiatrien, Pflege- und Obdachlosenheimen „entsorgt". Damit ist es aus unserem Blickfeld verschwunden und wir wähnen uns in einer Welt, in der alles easy ist. Die Medienwelt, eine künstlich erschaffene Parallelwelt zur Realität, tut das Ihrige dazu, völlig unrealistische Erwartungen und Sehnsüchte zu züchten.

Mit fehlendem Wirklichkeitsbezug haben wir aber auch keine Strategien entwickelt, in dem real existierenden Alltag, mit dem wir klarkommen müssen, und der auch Problemsituationen enthält, umzugehen. Und die kommen auch in unserem Leben vor, denn selbst der moderne Mensch kann beileibe nicht alles Belastende „wegmachen".

Warum nun ist die Erkenntnis, dass Krisen, Leiden und Widrigkeiten zum Leben dazugehören, so wichtig?

Wenn wir der Überzeugung sind, ein Leben ohne oder mit nur geringen Schwierigkeiten sei das Normale, werden wir an den Widrigkeiten viel stärker leiden, als wenn wir Probleme als zum Leben dazugehörig einkalkulieren. Zu dem Leiden an der ohnehin schon schwierigen Situation kommen dann noch Selbstmitleid, Schuld- und Schamgefühle hinzu, weil wir uns fragen, warum gerade *uns* dieser Schicksalsschlag trifft oder warum alle anderen um uns herum anscheinend besser mit ihrem Leben klarkommen als wir.

Dagegen hat die Erkenntnis, dass es vielen um uns herum nicht anders geht als uns, in sich schon eine therapeutische Wirkung. Wie oft haben Menschen mir schon von einer schwierigen Situation erzählt und es dann als entlastend empfunden, wenn ich ihnen sagen konnte, dass ich dieses Erleben von mir selbst und aus dem Leben anderer nur zu gut kenne. Und wie oft habe *ich* mich schon erleichtert gefühlt, wenn ich merkte, dass meine Schwierigkeiten gar nicht so außergewöhnlich schlimm sind, sondern ebenfalls bei anderen vorkommen.

Unterschiedlich krisentauglich

Wenn man in das Leben anderer Menschen hineinschaut und das eigene Leben betrachtet, merkt man sehr schnell, dass Menschen bei gleichem oder ähnlich belastendem Erleben dennoch ganz unterschiedlich reagieren und mit der Krise fertigwerden. Das können Sie aus Ihrer Wahrnehmung wahrscheinlich bestätigen. Zwei Menschen erleiden den gleichen Schicksalsschlag oder sind durch eine schwierige Situation sehr herausgefordert. Der eine stürzt völlig ab, braucht Wochen, Monate, ja vielleicht sogar Jahre, um emotional wieder halbwegs stabil zu werden. Vielleicht wird er über das Erlebte auch bitter und wendet sich vom Leben ab. Der andere scheint diese Krise relativ gut „wegzustecken", klettert recht zügig aus seinem Loch wieder heraus (ist vielleicht auch gar nicht erst so tief hineingerutscht) und geht, am Leben gereift und mit neuem Mut und Kompetenzen ausgestattet, seinen Lebensweg weiter. Woran liegt das?

Das hat zunächst ganz viel mit unserer persönlichen Geschichte zu tun. Ich möchte Ihnen das gerne an einem Beispiel verdeutlichen. Nehmen wir einmal an, Sie hatten eine gute, stabile Kindheit. Sie wurden geliebt und wertgeschätzt, fühlten sich angenommen und wurden viel gelobt – kurz, sie hatten zu Hause ein richtig warmes, kuscheliges Nest. Bestenfalls wurde Ihnen hier auch schon etwas von einem liebenden Gott erzählt, für den Sie sehr wertvoll sind, der Ihr Leben in seinen schützenden Händen hält, der Sie durch alle Höhen und Tiefen des Lebens begleitet und Ihnen den Rücken stärkt.

Auch außerhalb Ihres Zuhauses, in der Schule oder in privaten Kontakten waren Sie immer beliebt und es mangelte Ihnen nie an Freunden und Freundinnen. Später haben Sie dann geheiratet und noch etwas später gesunde und nette Kinder in die Welt gesetzt.

Nun, vielleicht in der Lebensmitte, beginnt es in Ihrer Ehe zu kriseln, und einige Zeit später offenbart Ihr Partner Ihnen, dass er sich von Ihnen trennen möchte, da er jemand anderen kennengelernt hat. Sie werden schockiert sein, diese Nachricht wird Sie zutiefst verletzen und Sie werden an den damit zusammenhängenden Gedanken und Gefühlen schwer zu knacken haben.

Aber durch Ihre ersten zwanzig Lebensjahre haben Sie ein festes Fundament, ein ganz dickes Polster für Ihr Leben mitbekommen. Ein Fundament, welches Ihnen jetzt Stabilität verleiht und Ihnen trotz allem die ganz tiefe Gewissheit gibt: Ich bin ein wertvoller Mensch, liebenswert und stark genug, diesen Verlust zu überwinden. Auch wenn dieser eine Mensch mich jetzt ablehnt und mich nicht mehr will, bin ich doch *grundsätzlich* ein angenommener Mensch.

Das heißt, Ihr Lebenshaus fängt durch die jüngste Katastrophe zwar kräftig an zu wackeln und stürzt vielleicht sogar ganz zusammen. Aber das Fundament darunter ist stark und stabil.

Wahrscheinlich können und werden Sie relativ schnell der Krise entwachsen und etwas Neues aufbauen.

Ganz anders, wenn Ihr Fundament bereits Risse und schadhafte Stellen aufweist. Nehmen wir an, Sie hatten eine sehr schwierige Kindheit. Sie waren vielleicht nicht gewollt oder *so* nicht gewollt, wurden häufig benörgelt, kritisiert und abgelehnt. Vielleicht waren Sie sogar Gewalt und Missbrauch ausgesetzt. Wenn nicht in Ihrem Elternhaus, so erlebten Sie diese Dinge aber möglicherweise in der Schule oder im Umgang mit anderen Kindern und Jugendlichen. Sie waren immer der Außenseiter, der von anderen gehänselt und ausgegrenzt wurde. Sie fühlten sich ungeliebt, unattraktiv, wertlos und waren sehr einsam. Von einem liebenden, starken Gott, der an Ihrer Seite steht und Ihnen geben kann, was Menschen Ihnen versagen, wurde Ihnen von niemandem etwas erzählt.

Trotzdem haben auch Sie Ihren Weg gemacht, erlernten einen guten Beruf, heirateten, gründeten eine Familie, und soweit schien alles einen guten Gang zu gehen. Die Vergangenheit liegt hinter Ihnen und all das Alte, was seinerzeit so belastend war, ist scheinbar vergessen.

Nun fängt es auch in Ihrer Ehe an zu kriseln und Ihr Partner eröffnet Ihnen, dass er sich von Ihnen trennen wird, weil er jemand anderen kennengelernt hat. Sie können es sich denken: Zu dem Schock und der Verletzung aus dem aktuellen Erleben bricht bei Ihnen die alte Wunde wieder auf und der ganze Schmerz, den Sie früher erlebt haben, ist wieder mit voller Wucht da: *Ich werde nicht geliebt, ich werde abgelehnt und ich bin nicht gewollt.*

Zu der Verarbeitung der aktuellen Krise kommt bei Ihnen also noch das ganze Alte und Unverarbeitete mit dazu. Ihr Fundament ist bereits voller Risse und Beschädigungen; wenn Ihr Lebenshaus nun wackelt oder sogar einstürzt, wird auch das Fundament keinen Halt geben. Sie werden vermutlich durch die derzeitige Krise viel tiefer abstürzen, denn Sie sind viel existenzieller betroffen und in den Grundfesten Ihres Seins erschüttert.

Damit uns das nicht – oder zumindest nicht in diesem Ausmaß – passiert, ist es so wichtig, dass wir uns mit unserer Biografie und mit unserem Gewordensein auseinandersetzen (eine Anregung, die ich ja bereits im ersten Kapitel dieses Buches gegeben habe). Und zwar gerade mit den schmerzlichen Stellen, die wir so gerne verdrängen.

Denn wenn wir die schwierigen Anteile unserer Geschichte verarbeitet und uns mit ihnen ausgesöhnt haben, wenn wir Menschen, die uns verletzten, vergeben haben und so unsere Wunden verheilen konnten, wird unsere Biografie nicht zu einem Bumerang, der uns trifft, wenn wir hier und heute in eine schwierige Lebenssituation geraten.

Ein weiterer Grund für eine unterschiedliche Reaktion auf belastende Situationen im Leben liegt in unserer Persönlichkeitsstruktur. Mit diesem Thema haben wir uns ja ebenfalls schon im ersten Kapitel dieses Buches auseinandergesetzt. Es liegt auf der Hand, dass Menschen mit einem sehr einfühlsamen, sensiblen und emotionalen Naturell belastende Situationen viel stärker auch als solche erleben als weniger sensible und eher pragmatisch veranlagte Menschen, die sich so schnell durch nichts aus der Ruhe bringen lassen.

Bei sensiblen Menschen ist die Wahrnehmung eigener Schwächen und Unfähigkeiten besonders groß und das Vertrauen in die eigene Selbstwirksamkeit sehr gering. Die Angst, den Anforderungen des Lebens nicht gewachsen zu sein, eine Krise nicht stemmen zu können, ist sehr viel ausgeprägter als bei einer robusten Persönlichkeit. Die Gefahr, in einer Krise zu „versacken",

ist bei emotionalen und empfindsamen Menschen besonders gegeben, weil sie mehr als andere dazu neigen, Dinge zu dramati-
sieren, alles schwarzzusehen und sich in ihren ängstlichen und
sorgenvollen Gedanken zu verstricken.

Wenn Sie also zu den sehr sensiblen Menschen gehören und
daran leiden, dass Sie im Leben immer alles so schnell „umhaut",
dann müssen Sie etwas für Ihre Belastbarkeit tun und besonders
in der Krise darauf achten, durch das Kreisen um negative Gedanken und Gefühle nicht noch mehr in die Tiefe zu stürzen. Aber
hüten Sie sich davor, sich mit anderen zu vergleichen, die mit
ähnlichen Situationen scheinbar mühelos klarkommen. Das hilft
nicht weiter, sondern gibt Ihnen zusätzlich noch das Empfinden,
ein Versager und ein „Weichei" zu sein, das bei der geringsten
Belastung schwächelt und in die Knie geht. Halten Sie sich lieber
vor Augen, dass Ihre hohe Empfindsamkeit Sie in der Krise auch
besonders lernfähig macht und Sie über die besondere Fähigkeit
verfügen, Hintergründe und Zusammenhänge von problemati-
schen Situationen tiefer zu erfassen.

Der weniger sensible Mensch kann dagegen mit Krisen zunächst
einmal besser umgehen. Er spürt die Schwere der Belastung gar
nicht in dem Maße und ist in Folge auch nicht den massiven
Ängsten und Sorgen ausgesetzt, wie es bei empfindsamen Gemü-
tern der Fall ist.

In Krisenzeiten sind diese wenig ausgeprägte Empfindsamkeit
und der sachliche Umgang mit schwierigen Themen ein großes
Geschenk. Menschen mit diesem Strickmuster stecken die Quer-
schläge des Lebens tatsächlich oft besser weg.

Wenn Sie solch ein nüchterner und sachlicher Typ sind, dann
vermeiden Sie es aber, andere, die sich mit der Bewältigung problematischer Situationen schwerer tun, zu verurteilen nach dem
Motto: „Die oder der sollte sich mal ein bisschen zusammenrei-

ßen und sich nicht so hängen lassen." *Sie* stehen wahrscheinlich eher in der Gefahr, Gefühle zu verdrängen und wichtige Themen abzutun, anstatt sich mit ihnen auseinanderzusetzen. Ihre „Augen-zu-und-durch-Methode" mag zwar zunächst einmal gut funktionieren, aber manchmal ist es in einer Krise nötig, genauer hinzuschauen, Gefühle zuzulassen und wirklich *hindurch*zugehen, anstatt nur darüber *hinweg*zugehen. Erst dann können Lernprozesse, Veränderungsimpulse und Wachstumschancen, die in einer Krise liegen, von uns auch als solche erkannt und umgesetzt werden.

Bei der Frage: „Warum kommen manche Menschen mit belastenden Situationen im Leben besser klar als andere?", spielen auch noch unterschiedliche Bewertungsmuster eine Rolle.

Es kommt in erster Linie nicht darauf an, *was* wir erleben, sondern wie wir dieses Erleben bewerten. Unsere Bewertung hat dann wiederum Einfluss auf unsere Gefühle, unser Denken und unser Verhalten.

Das können Sie an einem ganz einfachen Beispiel überprüfen. Stellen Sie sich vor, Sie sind im Urlaub und haben für den heutigen Tag eine Radtour mit abschließendem Picknick am See geplant. Als Sie morgens aus dem Fenster schauen, stellen Sie fest, dass es in Strömen regnet. Sie „bewerten" diesen Regen als Störung Ihrer Pläne und etwas, was Ihnen den Urlaub vermiest. Bei Regenwetter den ganzen Tag drinnen zu hocken – so haben Sie sich Ihre Ferien wirklich nicht vorgestellt! Augenblicklich sackt Ihre Stimmung in den Keller, Sie bekommen schlechte Laune und sind mies drauf.

Ganz anders der Bauer, der ein paar Häuser weiter aus dem Fenster blickt. Der „bewertet" diesen Regen als ein Geschenk des Himmels, das dringend nötig war, um die Saat wachsen zu lassen. Ihm fällt ein Stein vom Herzen, denn so kommt er um die künstliche Bewässerung herum, die ihn Unmengen Geld gekostet hätte. Folglich freut er sich ungemein über das Prasseln der Regentropfen auf seinem Dach und startet bestens gelaunt in den Tag.

Die gleiche Situation ruft bei unterschiedlicher Bewertung also bei dem einen Freude und gute Laune, bei dem anderen Verdruss und miese Stimmung auf den Plan. Heißt: Wir tragen durch unsere Bewertung einer Situation ganz wesentlich dazu bei, wie wir uns in dieser Situation fühlen, wie wir über sie denken und wie wir uns in Folge verhalten.

Scheinbar kommt diese Bewertung wie von selbst, einfach aus der Situation heraus. In Wahrheit sind aber *wir* diejenigen, die diese Bewertung vornehmen und die somit verantwortlich für die daraus resultierenden Gefühle, Gedanken und Handlungen sind. Auch als Urlauber *könnte* ich einen Regentag anders bewerten. Ich könnte in ihm die Chance sehen, an diesem Tag etwas zu tun, was ich bei schönem Wetter nicht getan hätte. Z.B. mich noch einmal im Bett umzudrehen und weiterzuschlafen, ein Buch zu Ende zu lesen oder einen Museumsbesuch zu machen. Entscheide ich mich also für die Bewertung: „Das ist jetzt gar nicht schlimm", wird mir der Regen garantiert nicht so auf die Stimmung schlagen wie mit der Bewertung: „Der Regen ist eine Katastrophe, weil nun der ganze Tag im Eimer ist."

Für das Überwinden einer Krise ist das von ganz entscheidender Bedeutung! Bewerten wir die Krise, in der wir stecken, ausschließlich negativ, betrachten wir sie als Drama oder unüberwindbare Hürde und sagen Sätze wie: „Typisch, das konnte ja auch nur mir passieren!", dann wird es uns weitaus schlechter gehen als wenn wir versuchen, dieser Krise eine andere Bewertung zu geben. Etwa, dass sie vorübergehen wird, dass „so etwas" im Leben nun mal passiert, dass wir aus ihr lernen können und dass sich neue Wege und Möglichkeiten auftun werden. Zumindest theoretisch könnten wir uns entscheiden, eine andere Bewertung vorzunehmen und damit unsere Gefühle und Gedanken in eine andere Spur lenken.

Dass dies auch in höchst belastenden Situationen möglich ist, zeigt das Beispiel von Viktor Frankl, einem Psychologen, der unter dem NS-Regime in verschiedenen Konzentrationslagern inhaftiert war. Er hatte nämlich festgestellt, dass es in diesem Grauen im Wesentlichen zwei Gruppen von Menschen gab: Die einen, die ganz schnell resignierten, abstumpften, typische Lagersymptomatik wie Stumpfsinn, Aggression, Depression, Verrohung und Verschlagenheit ausprägten. Und die anderen, die es schafften, trotz allem den Kopf über Wasser zu halten, die menschlich blieben, anderen halfen, sie trösteten und die versuchten, mit einfachsten Mitteln etwas Helligkeit, Freude und Lachen in das Lagerleben zu bringen. Daraus folgerte er, dass der Mensch immer, egal, wie hoch der Druck von außen ist, die Freiheit behält, sich zu einer Situation *so* oder *so* einzustellen und eine Bewertung, die Gutes hervorbringt, vorzunehmen.[9]

Das hat mich sehr beeindruckt. Die unterschiedliche Bewertung dieser Krise, die unterschiedliche Einstellung hat zu unterschiedlichen Gefühlen und zu unterschiedlichem Handeln in dieser äußerst belastenden Situation geführt.

Wenn dieser Satz für solch extreme Situationen gilt, wie viel mehr gilt er für mich und die Krisen, in denen ich stecke: *Die Freiheit, mich so oder so zu einer Situation einzustellen, kann mir niemand rauben.* Sie und ich sind keine wehrlosen Opfer, sondern können durch eine hilfreiche Bewertung und eine förderliche Einstellung ganz aktiv am Gelingen unseres Lebens und am Überwinden unserer Krisen mitwirken.

Die Krise bejahen

Die Krise stellt zunächst einmal für jeden von uns eine Bedrohung dar, gegen die wir uns mit Händen und Füßen wehren. Wenn wir in eine schwierige Situation geraten, wollen wir einfach nur, dass alles so schnell wie möglich wieder gut wird. Das ist ganz verständlich! Keiner von uns liebt die Krise, keiner von uns heißt schwere Zeiten willkommen. Es zeugt oft eher von einem schwachen oder gebrochenen Lebenswillen als von charakterlicher Stärke, wenn wir uns beim Hereinbrechen einer Krise kampflos unserem Schicksal ergeben und alles klaglos hinnehmen. Wohl dem, der ein gewisses Maß an Kampfkraft besitzt! Der Aufschrei, das Aufbäumen, das Nicht-auf-sich-sitzen-Lassen, das blindwütige Um-sich-Schlagen gehört zu unserem Menschsein dazu.

Aber manchmal müssen wir feststellen, dass unsere Kampfkraft nicht ausreicht und das „Um-sich-Schlagen" leider gar nichts nützt. Statt zu weichen, hat sich die Krise in unserem Leben eingenistet und häuslich eingerichtet. Sie ist zu unserem Mitbewohner geworden, mit dem wir uns, wohl oder übel, irgendwie arrangieren müssen.

Alles weitere Ankämpfen hilft nun nicht weiter – im Gegenteil. Das ständige Strampeln und sich Wehren verbraucht viele Kräfte, die wir aber für das Durchstehen schwerer Zeiten dringend brauchen.

Jetzt gilt es, einfach einmal stille zu werden, zur Ruhe zu kommen und Ja zu sagen: „Ja, im Moment habe ich dieses Problem." – „Ja, im Moment weiß ich nicht mehr ein noch aus!" – „Ja, es geht mir sehr schlecht, weil ich Dinge erlebe, die schmerzen, die ich nicht im Griff habe und die ich auch nicht einfach ‚wegmachen' kann. Ich kann die Lösung, die Befreiung oder die Veränderung nicht erzwingen. Und das lasse ich jetzt einfach einmal so stehen!"

Dieses Ja-Sagen zu der Krise ist beileibe keine frustrierte Resignation, sondern eher so etwas wie eine fruchtbare Kapitulation.

Anfangs ist es nicht leicht, die Waffen zu strecken, uns zu ergeben und vor der Kraft der Krise zu kapitulieren. Bald merken wir aber, dass im Stillhalten und Loslassen der eigenen Machbarkeit uns neue Kräfte zuwachsen. Kräfte, die wir bisher in den Kampf *gegen* etwas eingesetzt und verbraucht haben, können wir nun *für* uns nutzen.

Wir laufen nicht mehr länger vor der Krise weg, sondern wenden uns ihr zu, beginnen, sie zu akzeptieren und mit ihr zusammenzuarbeiten. Damit werden wir bereit, das Thema, das sie uns vorgibt, zu bearbeiten.

Handlungs- und lösungsorientiertes Denken

Krisen rütteln ja häufig so sehr an den Grundfesten unseres Lebens, dass wir gezwungen sind, unsere bisherigen Denk- und Verhaltensmuster, unsere Einstellungen, Werte und Normen zu überprüfen. Manch Altes erweist sich als nicht mehr tragfähig und an dessen Stelle müsste etwas Neues kommen. Was soll das sein? Was könnte das sein? Was müsste sich ändern und wo könnten Ansatzpunkte für solch einen Veränderungsprozess liegen? Was kann ich aus dieser Situation für die Zukunft lernen und wie das Beste daraus machen? Gibt es eine positive Charaktereigenschaft, die ich unter diesem Druck entwickeln kann? Eine neue, hilfreiche Verhaltensweise, die ich einüben, eine Schwäche, die korrigiert werden kann?

Solche und ähnliche Fragen können uns helfen, die Krise *für* uns zu nutzen und sie nicht nur als unseren Feind zu betrachten. Zugegeben: Leicht ist das nicht. Das Letzte, was wir in belastenden Situationen hören möchten, ist: „Schau doch mal, was du in dieser Situation lernen kannst." Wir möchten trauern, uns beschweren, möchten weinen und klagen. Das darf auch alles sein. Wohl uns, wenn uns von uns selbst und von anderen dafür ausreichend Raum und Zeit zur Verfügung gestellt wird. Wenn wir an dieser Stelle aber hängen bleiben, tun wir uns selbst nichts Gutes.

Jede schwierige und belastende Situation hat eine Sogwirkung nach unten. Um uns diesem Sog zu entziehen und somit trotz Schwierigkeiten „Oberwasser" zu behalten, ist es eine Hilfe, so schnell wie möglich zu diesem lösungs- und handlungsorientierten Denken zu finden. Das hilft uns, aus einer unproduktiven Grübelei, die alle möglichen Horrorszenarien heraufbeschwört, zu einem konstruktiven Denken zu finden, das unser Gemüt erhellt und Wege durch die Krise findet.

Wir stecken dann nicht mehr länger in ziel- und sinnlosen Kämpfen fest; stattdessen beginnt ein effektives Arbeiten an uns selbst und dem eigenen Leben. Wir setzen unsere Segel und arbeiten mit dem Wind, der durch die Krise kräftig in unserem Leben bläst, zusammen und nutzen ihn für unser Vorwärtskommen.

Wenn wir uns auf den Lernprozess, der sich uns jetzt stellt, einlassen, werden uns wahrscheinlich recht schnell Zusammenhänge klar und wir entdecken Punkte in unserem Leben, die wir angehen oder ändern müssen. Das mag ein bestimmter Lebensstil sein oder das können Denk- und Verhaltensmuster sein, die wir kultiviert haben und die zu den Problemen geführt haben, in denen wir derzeit stecken.

Auch wenn wir gar nicht der Verursacher der Krise sind und an ihrem Hereinbrechen erst recht keine Schuld tragen, gibt es für uns doch eine Menge zu entdecken, zu lernen und einzuüben, um besser und dauerhaft unbeschadet durch diese schwere Zeit hindurchzukommen.

Je konkreter wir Ursachen, Zusammenhänge und Übungsfelder packen und definieren können, umso besser. Und dann gilt es, soweit es an uns ist, den Kurs zu ändern und Neues einzuüben. Tun wir das, werden wir die Krise nach und nach als riesengroße Chance für unser Leben begreifen. Die Chance, alte Lasten, die uns vielleicht bis heute behindern, endlich loszuwerden, zu wachsen und zu überwinden. Die Chance, um freier, stärker, gelassener und reifer zu werden.

Aber das braucht Zeit und ist eine Erkenntnis, die meist erst dann in uns heranreift, wenn wir fast „durch" sind. Erst, wenn wir die nötigen Prozesse durchbuchstabiert und uns Neues angeeignet haben, beginnen wir zu erahnen, dass dieses Neue durchaus seinen Wert hat.

Suchen Sie sich Hilfe, wenn Sie Hilfe brauchen

Für das Erkennen der Zusammenhänge brauchen wir manchmal Hilfe und auch dafür, dass wir erkennen, welche kleinen Schritte aus der Krise heraus denn jetzt erforderlich und hilfreich wären. Manchmal, oder meistens, schaffen wir es nicht, alleine durch eine Krise zu gehen. Wir brauchen andere Menschen, die uns zur Seite stehen. Das ist keine Schande und kein Zeichen von Schwäche, sondern im Gegenteil die Fähigkeit, uns und unsere Situation realistisch einzuschätzen. Es erfordert Mut und Stärke, demütig einzugestehen: „Ich schaffe es nicht allein." Wenn Sie sich öffnen, werden Sie sehr schnell merken: Das Mitteilen befreit Sie von Ihrer Last, denn Sie stehen nun mit Ihrer Not und Ihren Fragen nicht mehr alleine da. Als Gesprächspartner eignen sich ein guter Freund oder eine gute Freundin, ein Seelsorger, ein Pastor oder ein Therapeut. Suchen Sie sich solch eine Person, der Sie vertrauen und die Ihnen bezüglich der Themen, die Sie bewegen, kompetent erscheint, und gehen Sie ihr Problem an.

Viele Menschen haben eine große Scheu sich mitzuteilen, weil sie sich schämen. Aber Sie brauchen sich für die Not und die Krise, in der Sie stecken, nicht zu schämen. Scham ist kein guter Lebensberater! Denn Scham will, dass wir uns mit unserem Problem verstecken. Wir meinen dann, es wäre besser, das, was uns zu schaffen macht, zu verdrängen, nicht hinzugucken und schon mal gar nicht darüber zu sprechen. Aber im Verborgenen und in der Dunkelheit breiten sich die Dinge erst so richtig aus und treiben geradezu absonderliche Blüten.

Scham redet uns ein, dass nur wir so außergewöhnlich schlimme Probleme hätten. Aber das ist eine Lüge. Teilen wir unsere Not mit jemandem, entdecken wir ganz schnell, dass es anderen Menschen ganz ähnlich geht! Die Krisen unseres Lebens unterscheiden sich in den wesentlichen Punkten gar nicht so sehr voneinander. Allein das Erleben, dass andere mit ähnlichen Schwierigkeiten im Leben kämpfen und bereit sind, ihre Erfahrungen mit uns zu teilen, nimmt uns schon eine große Last von den Schultern.

Verdrängen Sie Ihre Gefühle nicht

... sondern lassen Sie Schmerz, Wut und Trauergefühle zu. Das sind Empfindungen, die sich immer einstellen, wenn wir durch schwere Zeiten gehen. Diese unangenehmen und schmerzhaften Gefühle zu verdrängen, kann in gewissen Abschnitten unseres Lebens eine Überlebensstrategie und ein Schutzmechanismus sein. Es gibt Zeiten, in denen müssen wir einfach nur funktionieren und den Alltag mit seinen Herausforderungen irgendwie abwickeln. Zur Verarbeitung bleibt da gar keine Zeit und wir wären damit auch völlig überfordert.

Als dauerhafte Strategie, um mit einer Krise und den damit verbundenen heftigen Gefühlen umzugehen, taugt Verdrängung allerdings nicht. Denn Schmerz, Wut und Trauer sind, wenn auch unangenehm, ganz wichtige Emotionen, die bei der Bewältigung schmerzhafter Erlebnisse helfen und die zu unserer Gesundung beitragen. Wenn wir an dieser Stelle nicht sauber arbeiten, sondern Gefühle einfach nur wegdrücken, sie wegsperren und einmauern, geht der Schuss irgendwann nach hinten los. Dann marschieren wir vielleicht geradewegs in eine Depression hinein, werden verbittert und wenden uns voller Groll vom Leben und den Menschen ab. Unser gesamtes Gefühlsleben, unsere Fähigkeit, mitfühlend zu empfinden, uns von Herzen zu freuen und zu lieben, sind dann wie versteinert. Oder Unverarbeitetes setzt sich an irgendeiner Stelle unseres Körpers fest und bahnt sich seinen Weg nach außen, und zwar durch mehr oder weniger starke psychosomatische Erkrankungen und Störungen.

Es nützt auf Dauer auch nichts, wenn Sie bei dem Versuch, Ihre Gefühle in den Griff zu bekommen, sich selbst zur Räson rufen mit Sätzen wie: „Jetzt stell dich doch nicht so an. So schlimm ist das doch gar nicht. Der oder die erleben das Gleiche und die sind nicht so zimperlich. Die bekommen ihr Leben doch auch in den Griff."

Nehmen Sie *Ihre* Gefühle ernst. Schmerz lässt sich nicht vergleichen! Wenn Sie Schmerz, Trauer, Wut, Verzweiflung, Angst und Aggression verspüren, dann ist das erst einmal so und darf auch so sein. Lassen Sie Ihre Gefühle doch einfach stehen und fangen Sie nicht direkt wieder an, Ihre Empfindungen als richtig oder falsch zu bewerten, gut oder schlecht. Jetzt sind diese Gefühle erst einmal da, und genau so, wie sie sich jetzt zeigen, brauchen diese Empfindungen Ihr Ja und Ihre Annahme.

Statt sich selbst zu maßregeln, sollten Sie sich lieber mit ganz viel Verständnis begegnen. Betrachten Sie sich wie ein kleines Kind, das hingefallen ist und sich wehgetan hat. Ein Kind braucht in solch einem Moment auch keine Schelte, sondern Trost, Verständnis und liebevolle Zuwendung.

Auch außerhalb Ihrer selbst sollten Sie einen Ort haben, an dem Sie diese Gefühle „ausspucken" und loswerden können. Schreiben, etwa ein Tagebuch, oder eine gute Freundin, die einfach nur zuhört und uns aushält, kann jetzt hilfreich sein.

Für mich ist solch ein Ort auch die Zwiesprache mit Gott. Bei ihm fühle ich mich so sicher, so geborgen und geliebt, dass ich unverfälscht so sein kann, wie ich bin. Hier kann ich ins Unreine reden, muss nicht auf meine Formulierungen achten oder „vorsichtig" sein, um niemandem Unrecht zu tun. Wenn ich in Krisenzeiten mit ihm rede, fühle ich mich wie ein kleines Kind, das bei seinem Vater auf den Schoß klettert und voller Wut und Schmerz mit seinen kleinen Fäustchen gegen die Brust seines Papas trommelt. Wie ein liebevoller Vater sein Kind dann einfach nur ganz fest in seinen Armen hält, bis es sich ausgeweint hat und sich erschöpft an ihn kuschelt, so hält Gott auch mich in diesen Momenten fest.

Wenn Sie eine Bibel haben, dann können Sie die Texte der Psalmen zur Hilfe nehmen, um vor Gott Ihre Gefühle und Gedanken zum Ausdruck bringen. Diese Texte und Gebete sind einzigartig, weil sie einen völlig authentischen und unverstellten Blick in das Gefühls- und Seelenleben von Menschen geben. Menschen, die in Not und Krisen geraten sind, fassen hier ihre Gedanken und Empfindungen in Worte und bieten uns somit eine „Steilvorlage", wie auch wir unser Inneres vor Gott ausbreiten können.

Disziplinieren Sie Ihre Gedanken

Unsere Gefühle und Gedanken dürfen alle erst einmal sein, aber irgendwann brauchen sie auch, ähnlich wie Kinder, Führung, Leitung und eine liebevolle Hand, die sie erzieht. Sonst tanzen sie uns irgendwann auf dem Kopf herum. Ich weiß von mir, dass belastende Gefühle, die mich in schwierigen Situationen ergreifen, so dominant werden können, dass es mich schier zerreißt. Dann sind sie keine Hilfe zu Verarbeitung mehr, sondern erschweren es mir, mit den Schwierigkeiten fertigzuwerden, und verhindern, dass ich trotz allem ein gewisses Maß an Gelassenheit und innerem Frieden beibehalte. Die Folge: Die gefühlte Belastung liegt weitaus höher als die reale Belastung.

Heute leben wir vielfach nach dem Motto: „Wenn ich etwas fühle, dann ist das auch so. Nicht mein Denken, nicht meine Erfahrung, nicht mein Wissen oder mein Verstand gibt den Ausschlag für meine Entscheidungen und Lebensführung, sondern meine Gefühle machen die Vorgaben dafür, welchen Weg ich wähle." Und weil wir unser Gefühl mit der Realität und mit der Wahrheit gleichsetzen, meinen wir, wir müssten ihnen bedingungslos folgen und in Handlungen umsetzen. Nicht selten wird diese Art zu denken und zu handeln mit einem echten und authentischen Leben gleichgesetzt.

Haben wir diese Überzeugung, dann tun wir uns schwer damit, unsere Gefühle an die Kandare zu nehmen, denn wir glauben ja zutiefst, wir müssten diesen uneingeschränkt Raum geben und sie ausleben. Wenn wir lernen wollen, belastende und schwierige Situationen unseres Lebens gut zu bewältigen und zu ertragen, ist es meines Erachtens aber unabdingbar zu lernen, die eigene Gefühlswelt in eine gute Balance zu bringen. Das sage ich als ein höchst emotionaler Mensch, der diese große Emotionalität an anderer Stelle durchaus als Gabe, Stärke und Reichtum erlebt.

Wir sollten unseren Gefühlen Raum lassen und ihnen, ähnlich wie auf einer Wippe, ein gewisses Gewicht geben, damit wir schwierige Zeiten gut bewältigen können. Sie dürfen aber auch nicht zu viel Gewicht bekommen, weil sie dann die Balance stören und uns um unsere Ausgewogenheit bringen.

Die Erziehung und Leitung unserer Gefühle müssen wir uns als Erwachsene selbst geben. Hier ein Beispiel: Viele Krisen werden durch eine Verlusterfahrung ausgelöst oder haben etwas mit einer solchen zu tun. Das kann der Verlust eines Menschen durch Trennung oder Tod sein, der Verlust unserer Gesundheit oder der Verlust unseres Arbeitsplatzes. Auch der Verlust von Idealbildern und Wunschvorstellungen, die wir von uns selbst oder von anderen Menschen hatten, kann uns in eine Krise stürzen. Wir sind von uns oder einem anderen Menschen schwer enttäuscht, weil wir mit eigenem oder fremdem Versagen konfrontiert wurden.

In Folge dieser Verluste wird irgendwann Trauer einsetzen. Trauer ist für den Heilungsprozess unbedingt notwendig, denn sie hat das Ziel, unsere Lebenswunde zu säubern und Verunreinigungen auszuspülen. Das fördert den Genesungsprozess und ist für ein gutes Gelingen unseres weiteren Lebens sehr wichtig. Trauer tut weh und ist alles andere als angenehm, aber sie wird irgendwann vorübergehen.

Wenn wir die Trauer aber nicht vorüberziehen lassen, sondern in ihr verharren und dieses Gefühl in uns kultivieren, dann kippt das Ganze in ein negatives Grundgefühl, in sinn- und zwecklose Grübeleien oder in selbstzerstörerische Gedanken und Katastrophenphantasien. Das hört sich dann so an: „Ich bin ein Versager und immer muss mir so etwas passieren!" – „Ich werde nie aus diesem Loch wieder herauskommen und ein glückliches Leben führen können." – „Das Leben ist für mich ohne jede Perspektive." – „Die Menschen sind schlecht, man kann einfach niemandem vertrauen!" – „Ich werde von niemandem geliebt und niemand braucht mich!"

Wenn wir uns so etwas permanent und gebetsmühlenartig einreden oder die auslösende Situation unserer Krise immer und immer wieder wie ein Kinofilm vor unserem inneren Auge durchspielen, dann stoßen wir uns selbst ständig in unser dunkles Loch zurück. Nicht mehr die Krise, sondern wir selbst sind dann Verursacher unserer desolaten Gefühlslage – unsere „schlechten" Gefühle sind mehr und mehr hausgemacht.

Deswegen ist es wichtig, dass wir diese zersetzenden Gedanken nicht ausufern lassen, sondern ihnen irgendwann Einhalt gebieten und etwas anderes entgegenstellen. Es geht darum, den

Lügen, die in uns Raum gewonnen haben, die Wahrheit entgegenzusetzen. Zum Beispiel durch das, was Gott über uns und unser Leben sagt. Da hören wir dann ganz andere Töne, nämlich, dass wir wertvoll und geliebt sind, dass uns unsere Schuld vergeben wird, dass Gott einen Plan und ein Ziel für unser Leben hat, dass er immer bei uns sein und uns Kraft geben möchte und dass er, auch wenn sich scheinbar alle Welt gegen uns verschworen hat, *für* uns ist und nicht gegen uns. Jedes Mal, wenn die rabenschwarzen Gedanken kommen, gilt es, sich selbst diese guten Gedanken zuzusprechen. Das ist nicht leicht, aber durch Übung wird uns das immer besser gelingen!

Auf diesem Weg können wir sehr aktiv daran mitarbeiten, dass wir eine Krise unbeschadet und zügig überstehen.

Gut umsorgt

Krisenzeiten fordern uns stark heraus, sodass wir dazu tendieren, uns selbst zu vernachlässigen. Alle Kraft fließt in die Bewältigung unserer schwierigen Lebenssituation, sodass für uns selbst gar keine Zeit mehr vorhanden ist. Um uns abzulenken, kurzzeitig den Frust zu vergessen und nicht nachdenken zu müssen, essen wir zu viel, stopfen als „Seelentröster" jede Menge Süßigkeiten in uns hinein, trinken als „Frustbewältiger" mehr Alkohol als gut für uns ist, sitzen permanent vor der Flimmerkiste, surfen im Internet oder spielen stundenlang irgendwelche Spiele am PC. Wenn wir nicht zu den „Frustessern" gehören, nehmen wir möglicherweise viel zu wenig Nahrung zu uns, kompensieren den Schlafmangel mit einem erhöhten Kaffee„genuss", gehen kaum noch an die frische Luft und vernachlässigen unser Äußeres. Dieses Sich-gehen-Lassen mag uns zwar kurzfristig Erleichterung verschaffen, ist langfristig aber eher kontraproduktiv. Nach stundenlangem Fernsehen, einer geleerten Flasche Wein und fünf Tafeln Schokolade geht es uns nämlich nicht besser, sondern vermutlich eher noch schlechter. Strähnige Haare, dunkle Augenringe und irgendwelche Klamotten, die wir uns achtlos übergeworfen haben, tragen auch nicht gerade zu unserem Wohlbefinden bei.

Gerade, wenn wir auf der einen Seite sehr belastet sind, sollten wir auf der anderen Seite Dinge tun, die uns *nachhaltig* guttun und Freude bereiten. Wir sollten unserem Körper, unsere Seele und unseren Geist besonders gut pflegen und ihnen wohltun, damit uns die Puste nicht ausgeht. Denn Krise bedeutet in der Regel Marathon und nicht Sprint!

Hier ist es gut, einmal hinzuschauen, was uns ganz persönlich hilft und was zu unserer Entspannung und Erholung beiträgt. Das können gute Bücher und Filme sein, singen, musizieren, sportliche Betätigungen, Saunagänge, ein „Schönheitstag" beim Frisör oder Kosmetiker, der Besuch eines Museums oder einer Galerie, Ausflüge zu interessanten Sehenswürdigkeiten oder sonstige Tätigkeiten, die uns vorübergehend aus unserem Gedankensumpf herausholen und unseren Blick auf etwas Frohes und Helles richten. Auch viel Bewegung an der frischen Luft, regelmäßige Spaziergänge, eine gesunde, ausgewogene Ernährung und ausreichend Schlaf sind wichtig. Hier können Körper und Seele wieder auftanken und wir füllen unseren Akku wieder auf.

Wir schaffen damit unsere Probleme nicht aus der Welt, aber wir nehmen für ein paar Minuten, ein paar Stunden oder gar Tage die Spannung aus unserem Denken, Fühlen und Handeln heraus und wenden uns Tätigkeiten zu, die unseren Blick vom derzeitigen Problem weglenken und auf etwas anderes richten.

Sicher, zu vielen Dingen müssen wir uns anfangs wahrscheinlich mühsam aufraffen. Unser ganzes Denken und Fühlen dreht sich um die Krise. Wir haben zu gar nichts mehr Lust und uns ist die Freude an den schönen Dingen des Lebens abhandengekommen. Überwinden wir unsere Unlust und unseren fehlenden Antrieb, werden wir aber bald merken, dass wir auf diese Weise viel Kraft tanken und auch über einen längeren Zeitraum hinweg *mit* einer schwierigen Situation leben können.

Krisenzeiten, so sagte ich anfangs, bergen auch große Chancen in sich. Chancen zur Veränderung, Chancen, das bisher Gelebte auf seine Tauglichkeit hin zu überprüfen. Chancen für einen Neuanfang und Chancen, neue Wege und bisher Unbekanntes zu entdecken.

Vielleicht können auch Sie eines Tages sagen: Das Glück, das ich heute erlebe, die gewonnene Erfahrung und Stärke, die ich erlangt habe, die Fähigkeiten, die ich mir angeeignet habe – all das ist überhaupt erst durch die Krise möglich geworden.

„Du machst mich fertig"

Was tun mit Menschen, die uns das Leben schwer machen?

Versuche stets, ein Stückchen Himmel über deinem Leben freizu-
halten.

Marcel Proust

Neulich legte mir meine Tochter einen Text auf den Schreibtisch,
den sie bei einer ihrer endlosen Touren durchs Internet gefunden
hatte:

Eine Mutter kommt ins Zimmer ihrer Tochter und findet dieses leer
mit einem Brief auf dem Bett. Das Schlimmste ahnend, macht sie ihn
auf und liest Folgendes:

Liebe Mami,

es tut mir sehr leid, dir sagen zu müssen, dass ich mit meinem
neuen Freund von Zuhause weggegangen bin. Ich habe in ihm die
wahre Liebe gefunden! Du solltest ihn sehen — er ist ja soooo süß mit
seinen vielen Tattoos und Piercings und vor allem mit seinem Megateil
von Motorrad! Aber das ist noch nicht alles, Mami. Ich bin endlich
schwanger und Abdul sagt, wir werden ein schönes Leben haben in
seinem Wohnwagen mitten im Wald. Er will noch viele Kinder mit mir
— und das ist auch mein Traum. Und da ich draufgekommen bin, dass
Marihuana eigentlich guttut, werden wir das Gras auch für unsere
Freunde anbauen. In der Zwischenzeit hoffe ich, dass die Wissenschaft
endlich ein Mittel gegen Aids findet, damit es Abdul bald besser geht;
er verdient es wirklich! Du brauchst keine Angst um mich zu haben,

Mami, ich bin schon dreizehn und kann ganz gut auf mich selber aufpassen. Ich hoffe, ich kann dich bald besuchen kommen, damit du deine Enkel kennenlernst!

Deine geliebte Tochter

PS: Alles Blödsinn, Mami! Ich bin bei den Nachbarn. Wollte dir nur sagen, dass es Schlimmeres gibt als das Zeugnis, das auf deinem Nachttisch liegt! Hab dich lieb!

Ich würde sagen, solch eine Tochter, wie hier erfunden, wäre der Albtraum aller Eltern und fiele garantiert in die Kategorie „schwieriger Mensch".

Wäre es nicht schön, wenn sich unsere Probleme mit solchen Menschen immer auf so einfache Weise auflösen würden wie in diesem Beispiel? Wenn wir am Ende erleichtert lachen und sagen könnten: „War alles nur ein Spaß – in Wirklichkeit ist das Ganze gar nicht so schlimm!"

Aber unsere Wirklichkeit sieht oft anders aus und wir müssen uns in unserem Leben immer mal wieder mit Menschen auseinandersetzen, die uns richtig zusetzen. Dabei ist nicht jeder, der uns querkommt und dessen Verhalten uns aufstößt, gleich ein schwieriger Mensch. Wir alle haben immer mal wieder Konflikte und Auseinandersetzungen mit unseren Mitmenschen. Diese Reibereien gehören zu jedem sozialen Miteinander, sind ganz normal und belasten uns in der Regel auch nicht übermäßig. Meistens sind wir in der Lage, diese Differenzen beizulegen und zu einem halbwegs friedlichen Miteinander zurückzufinden.

Aber, und das kennen Sie wahrscheinlich auch, es gibt Menschen, die uns weit über dieses normale Maß hinaus beschäftigen, weil sie ein Verhalten an den Tag legen, das das Miteinander extrem belastet.

Da ist die Kollegin, die seit Wochen Stimmung gegen Sie macht, die Unwahrheiten über Sie verbreitet und versucht, Sie aus Ihrer Position zu mobben. Eigentlich lieben Sie Ihren Job, aber mittlerweile graust es Ihnen vor jedem neuen Tag, an dem Sie an Ihrem Arbeitsplatz antanzen und dieser Frau begegnen müssen.

Da ist der Jugendliche, der Sie anlügt, bestiehlt, mit zwielichtigen Freunden um die Häuser zieht und hinter Ihrem Rücken „krumme Dinger" dreht. Ihr Verhältnis zu diesem „Kind" ist inzwischen total angespannt und von einem vertrauensvollen Umgang im Miteinander kann nicht mehr die Rede sein.

Da ist der alkoholabhängige Partner, der unberechenbar und unzuverlässig ist und mit dem ein normales Leben einfach nicht mehr funktioniert. Oder der Partner, der schweigt, mauert und sich in sein Schneckenhaus zurückzieht, sobald ein Gespräch in die Tiefe geht oder ein Konflikt ausgetragen werden muss.

Da ist der Nachbar, der ständig bei Ihnen auf der Matte steht, sich wegen irgendwelcher Kinkerlitzchen beschwert und Ihnen regelrecht auflauert, um Ihnen wieder irgendein „Vergehen" unter die Nase zu reiben. Ein entspanntes Wohnen ist unter diesen Umständen für Sie kaum noch möglich.

Die Liste ließe sich beliebig fortführen und fast jeder von uns kann solche schwierigen Personen benennen: Nervensägen und Schlechte-Laune-Verbreiter, Sorgenkinder und Problemfälle. Menschen, die ständig für unangenehme Zwischenfälle und Überraschungen sorgen, und solche, die uns das Leben schwer machen, weil sie selbst mit ihrem Leben nicht klarkommen.

Je näher uns solch ein Mensch steht, umso mehr belastet uns sein schwieriges Verhalten, weil uns die nötige emotionale Distanz zu ihm fehlt. Dann kann es passieren, dass uns das Verhalten des anderen in einen Sog unguter Emotionen zieht, die uns nach und nach zermürben. Unsere Gedanken kreisen unablässig um die Probleme mit dieser Person und unser Blick ist nur noch auf die Schwierigkeiten fokussiert, die das Zusammenleben mit ihr mit sich bringt. Spätestens jetzt ist es an der Zeit, die Bremse zu ziehen und im Umgang mit dem schwierigen Menschen etwas zu ändern. Hier ein paar Dinge, die mir persönlich sehr geholfen haben.

Machen Sie die Augen auf!

Was genau macht mir am anderen und seinem Verhalten eigentlich so zu schaffen?

Je konkreter wir das eigentliche Problem benennen können, was uns im Zusammenleben mit dem anderen so zusetzt, umso besser. Diese „Problemanalyse" ist deswegen so wichtig, weil ein unklares Unbehagen, das sich im Zusammensein mit dem anderen immer wieder einstellt, viel schwerer zu bearbeiten ist als ein fest umrissenes Thema oder ein fest umrissener Konflikt. Probleme, die unter der Oberfläche schwelen und nicht greifbar sind, richten bei uns und dem anderen auf Dauer mehr Schaden an, als wenn sie ans Licht gebracht und von uns benannt und angeschaut werden. Außerdem sind wir erst dann in der Lage, neue Verhaltens- und Reaktionsmuster zu entwickeln, wenn wir „das Ding" gepackt haben.

Oft haben wir große Hemmungen und Ängste, das Kind beim Namen zu nennen. Das ist durchaus verständlich. Es ist nicht leicht zu sagen: „Unser Kind hintergeht und belügt uns. Wir können unserem eigenen Kind nicht mehr vertrauen."

Oder: „Mein Mann trinkt. Da ist nicht mehr nur das eine oder andere Feierabendbierchen. Inzwischen kann man seinen Alkoholkonsum beim besten Willen nicht mehr als normal bezeichnen."

Oder: „Meine Freundin nutzt mich nur aus. Unsere Beziehung ist die reinste Einbahnstraße; ich gebe und investiere nur und bekomme nichts zurück. Sie benutzt mich, wenn sie mich braucht, und legt mich zur Seite, wenn ich für sie nicht von Interesse bin."

Es fällt schwer, diese Dinge klar zu benennen, weil wir Angst haben, uns der Wahrheit zu stellen und weil wir den zu erwartenden Konflikt scheuen. Es scheint so viel einfacher, alles laufen zu lassen, sich die Dinge schönzureden oder den Kopf in den Sand zu stecken in der Hoffnung, dass das ganze Problem sich von selbst in Luft auflöst. Das ist aber eine sehr unrealistische Erwartung und wir tun uns mit dieser Haltung auch keinen Gefallen. Denn wenn wir so tun, als sei das Problem nicht existent, dann stolpern wir in jede neue Situation mit der Hoffnung, diesmal möge der andere sich anders verhalten. Wir hoffen, dass er es diesmal „richtig" machen, sich angemessen verhalten und uns nicht verletzen wird. Wir erwarten immer wieder aufs Neue etwas, das der andere aber nicht erfüllen wird, weil er es nicht erfüllen kann oder nicht erfüllen will. Somit sorgen wir selbst dafür, dass wir immer wieder aufs Neue enttäuscht und verletzt werden, weil wir uns der Realität nicht stellen und von völlig falschen Voraussetzungen ausgehen. Enttäuschungen sind auch immer die Folge unserer falschen, der Realität nicht angepassten Erwartungen.

Erst, wenn wir der Wahrheit ins Auge schauen, werden wir fähig, nach Lösungen zu suchen, wie unser Leben auch mit diesem schwierigen Menschen halbwegs befriedigend verlaufen kann. Eine Energie, die verlorengeht, solange wir nur unseren Wunschvorstellungen nachjagen.

Dieser ehrliche und realistische Blick gilt aber nicht nur dem anderen, sondern auch uns selbst. Denn dass mich ein anderer zur Weißglut treibt oder dass ich durch ihn und seine Gegenwart so stark belastet bin, hat immer auch etwas mit mir selbst zu tun.

Nun gibt es sicher Personen, die von vielen Menschen als Zumutung erlebt werden. Wenn Sie einen cholerischen Chef haben, der immer herumbrüllt oder seine Mitarbeiter vor versammelter Mannschaft mit fiesen Bemerkungen zusammenfaltet, dann werden Sie sicher nicht die Einzige sein, die diese Person als sehr unangenehm empfindet.

Aber weitaus häufiger kommt es vor, dass wir ganz subjektiv das Zusammenleben mit einer Person als sehr belastend erleben, während andere im Umgang mit ihr relativ entspannt bleiben können. Das hat zum einen natürlich etwas mit der unterschiedlichen Nähe zu dieser Person zu tun. Je näher uns solch ein Mensch steht, umso mehr belastet uns sein schwieriges Verhalten, weil uns die nötige emotionale und oft auch räumliche Distanz zu ihm fehlt.

Es hat zum anderen aber auch etwas damit zu tun, dass der schwierige Mensch häufig einen wunden Punkt in uns trifft. Er berührt durch sein Reden und Verhalten ein Thema, das ohnehin schon länger in uns gärt, trifft unser Innerstes an Stellen, an denen wir unsere Defizite sehr stark spüren und bereits verwundet oder verletzt sind.

Machen Sie die Augen auf, das heißt auch, dass Sie hier einmal genauer hinschauen sollten. Warum macht Sie das Verhalten des anderen eigentlich so extrem an? Gibt es da vielleicht etwas in Ihnen, das bearbeitet werden müsste? Gibt es Altlasten, die Sie mit sich herumschleppen und die durch den schwierigen Menschen immer wieder reaktiviert werden?

Machen Sie die Augen auf, das heißt auch, dass Sie einmal genauer darauf achten müssen, wo und wie Sie dem schwierigen Menschen in die Hände spielen und durch Ihr Verhalten das seinige überhaupt erst ermöglichen.

Nehmen wir einmal an, Sie leben mit einem Menschen zusammen, der sehr rücksichtslos ist, der Sie ständig an die Wand bügelt und auf Ihre Wünsche und Bedürfnisse keinerlei Rücksicht nimmt. Sie werden von dem anderen in allen Bereichen dominiert – das, was Sie wollen, denken und fühlen, zählt im Zusammenleben mit dem anderen überhaupt nicht.

Dieses Zusammenspiel funktioniert ja nur, weil Sie sich wahrscheinlich sehr schwer damit tun, Grenzen zu setzen und „Nein" zu sagen, oder weil Sie nicht gelernt haben, sich in guter Weise zu behaupten und Ihre eigenen Interessen zu vertreten.

Das heißt, dieses System funktioniert nur, weil Sie durch Ihr Verhalten das Verhalten des schwierigen Menschen unterstützen, ja geradezu fördern. Insbesondere mit schwierigen Menschen entwickeln sich solche fest eingespielten Systeme sehr schnell und unser vorrangiges Ziel sollte dann sein, dass wir durch *unser* verändertes Verhalten aus diesem System aussteigen. Verändern wir unsere Position in diesem System, wird der andere zwangsläufig nicht mehr so weitermachen können wie bisher.

Versuchen Sie zu verstehen, wie der schwierige Mensch tickt

Die Gründe für das Verhalten eines schwierigen Menschen sind sehr vielschichtig und nicht leicht zu ergründen. Die einen haben eine komplizierte und eigenwillige Persönlichkeit, die sie überall anecken lässt. Andere haben in ihrer eigenen Biografie starke Defizite, sodass ihnen wichtige Voraussetzungen für ein angemessenes Verhalten im Umgang mit ihren Mitmenschen fehlen. Wieder andere schlagen sich mit einer Suchtproblematik herum oder leiden an irgendeiner anderen Stelle an sich selbst und ihrem Leben. Und dann gibt es noch die, die aus nicht nachvollziehbaren Gründen einfach so sind, wie sie sind.

Der Versuch zu verstehen soll das Verhalten des schwierigen Menschen nicht entschuldigen oder rechtfertigen, sondern dient dazu, sein Tun und Lassen besser einzuordnen. Dieser Schritt kann uns helfen, das Verhalten des anderen nicht immer persönlich zu nehmen, sondern als das zu sehen, was es ist: Eine Problematik, die erst einmal nichts mit uns zu tun hat, weil sie in *ihm* begründet ist und *er* sie in das Leben und in das Miteinander einbringt.

Die genannten Ursachen im Leben des schwierigen Menschen führen zu einem problematisches Verhalten, welches das Miteinander sehr stark belastet. Dabei gibt es ein paar ganz typische Denk- und Verhaltensmuster, die man bei fast jedem schwierigen Menschen findet.

Schwierige Menschen zeichnen sich durch einen Mangel an sozialer Kompetenz und durch ein hohes Maß an Uneinsichtigkeit aus.

Normalerweise entwickeln und verändern wir uns im Zusammenleben mit anderen Menschen. Wir merken beispielsweise, dass eine unhöfliche Bemerkung oder ein sarkastischer Witz auf Kosten des anderen unser Gegenüber verletzt. Das führt dazu, dass wir uns beim nächsten Gespräch oder in einer ähnlichen Situation höflicher verhalten und unsere bissigen Kommentare herunterschlucken. Bei keinem von uns passiert solch eine Verhaltensänderung von jetzt auf gleich. Aber das Erleben, einen anderen Menschen enttäuscht, gekränkt oder verärgert zu haben, löst normalerweise in uns einen starken Impuls aus, unser Verhalten zu verändern und an uns zu arbeiten, um „sozial verträglicher" zu werden. Je näher uns eine Person steht, je höher unsere emotionale Bindung an ihn ist, umso stärker ist dieser Veränderungsimpuls in uns.

Dem schwierigen Menschen fehlt aber genau dieser Antrieb und er kann oder will sich nicht verändern, auch dann nicht, wenn ihm immer wieder gespiegelt wird, dass er anderen Menschen das Leben schwer macht und sie unter ihm leiden. Im Kern ist der schwierige Mensch ein zutiefst egozentrischer Mensch, dem die Befriedigung momentaner Bedürfnisse und das Festhalten an vertrautem Verhalten wichtiger sind als das Wohlergehen eines ihm nahestehenden Menschen.

Im Klartext heißt das: Wir können noch so viele Tränen weinen, noch so viele eindringliche, vernünftige Gespräche führen,
noch so viel betteln, noch so viele wütende Ausraster bekommen – der schwierige Mensch wird sich davon nicht beeindrucken lassen. Nicht *wirklich* beeindrucken lassen. Vielleicht ist er
durch unsere verletzte Reaktion für einen Moment erschrocken
oder beschämt und er gelobt voller Reue Besserung – aber diese
Versprechen reichen nicht tief genug, um die erforderliche Arbeit
Richtung Veränderung dann auch aufzunehmen. Häufiger aber
wird der schwierige Mensch alles, womit wir ihn konfrontieren,
leugnen, die Dinge schönreden, *unser* Verhalten als völlig übertrieben hinstellen oder sich selbst als Opfer der misslichen Umstände präsentieren.

Denn auch das ist ein Merkmal, welches schwierige Menschen
kennzeichnet: Sie übernehmen für ihr Handeln meistens keine
Verantwortung, sondern geben anderen und den Umständen
Schuld an ihrem Fehlverhalten oder am Nichtgelingen ihres Lebens.

Das Vertrackte daran ist, dass die Personen in ihrem direkten
Umfeld (der Partner, die Eltern, die Kinder oder enge Freunde)
dieser Lüge tatsächlich irgendwann glauben, meinen, *sie* wären
für die Misere des anderen verantwortlich und es wäre *ihre* Aufgabe, dafür zu sorgen, dass der andere sich und sein Leben verändert.

Das ist aber tatsächlich eine Lüge. Wir alle tragen in erster Linie selbst die Verantwortung dafür, dass unser Leben in gute Bahnen kommt. Wir tragen Verantwortung dafür, dass wir wieder aufstehen, wenn wir gefallen sind, dass wir aus Fehlern lernen, dass
wir die No-gos unseres Lebens bearbeiten und ablegen, dass wir
wachsen und reifen und alles daransetzen, uns zu dem Menschen
zu entwickeln, zu dem wir geschaffen sind. Niemand kann und

darf diese Verantwortung auf andere abwälzen – auch der schwierige Mensch hat kein Recht dazu.

Das heißt nun nicht zwangsläufig, dass uns der andere mit dem, was er tut und lässt, total egal ist und wir einfach wegschauen. Es kann durchaus sein, dass wir immer mal wieder herausgefordert sind, in sein Leben hineinzusprechen und ihm klar und eindeutig zu sagen, dass er sich auf dem Holzweg befindet. Was er dann aber daraus macht, ob er unsere Ermahnungen umsetzt oder in den Wind schießt – das ist dann allein *sein* Thema. Es ist *sein* Leben, welches es zu gestalten gilt, nicht unseres. Es ist *sein* und nicht unser Versagen. Es sind *seine* Probleme, Altlasten, Persönlichkeitsstörungen oder Süchte und nicht unsere. Für Menschen, die mit schwierigen Personen eng zusammenleben, ist diese klare Grenzziehung zwischen „Ich" und „Du", zwischen „mein Leben" und „dein Leben" existenziell wichtig, damit Probleme und Lasten des schwierigen Menschen nicht immer mehr in unsere Richtung verschoben werden und uns irgendwann erdrücken.

Ein weiteres Merkmal schwieriger Menschen: Sie sind allesamt Grenzüberschreiter. Der schwierige Mensch nimmt die Grenzen eines anderen nicht wahr, geschweige denn, dass er sie achtet. In der Gegenwart eines schwierigen Menschen können wir uns deswegen nie richtig entspannen und sicher fühlen. Wir sind jederzeit in Alarmbereitschaft, denn es kann stets wieder zu neuen Übergriffen kommen. Diese Grenzüberschreitungen können im Tun, aber auch im Lassen bestehen. Jemand, der sich immer entzieht und *nicht* handelt, obwohl es dringend nötig wäre, überschreitet genauso die Grenze des für uns Erträglichen wie derjenige, der aktiv unsere Grenzen missachtet. Der Jugendliche z. B., der noch zu Hause wohnt und nicht auf die Füße kommt, der seinen Bildungs- und Berufsweg nicht in die eigenen Hände nimmt und nur zu Hause rumgammelt, überschreitet genauso unsere Grenzen wie jemand, der aktiv versucht, uns in die Ecke zu drängen.

Weil Grenzüberschreiter von selbst kein Halten kennen, müssen wir sie und ihr Verhalten in die Schranken weisen. Das ist nicht leicht und erfordert von uns einiges an Übung. Denn Grenzüberschreiter gehen entweder mit einem hohen Maß an Aggressivität vor, sind sehr präsent, laut und dominant, um uns mit diesem Verhalten ganz gezielt einzuschüchtern. Oder sie manipulieren und gehen sehr subtil und raffiniert vor. Es gibt Menschen, die schaffen es, ohne laut oder gar gewalttätig zu werden, durch versteckte Vorwürfe und Schuldzuweisungen, durch Jammern und Klagen, andere unter Druck zu setzen und ganz gekonnt zu manipulieren. Diese Menschen brauchen nicht aggressiv zu werden – die kommen auch so wunderbar an ihr Ziel!

Verstehen, wie der schwierige Mensch tickt, bedeutet, dass wir um diese typischen Merkmale und die daraus resultierenden Vorgehensweisen wissen und im Umgang mit dem Problemmenschen darauf vorbereitet sind. Versuchen Sie mal, mit etwas Abstand auf die Situationen zu blicken, in denen Sie in Ihrem Inneren durch den schwierigen Menschen in Aufruhr gebracht werden. Situationen, in denen er Ihre Grenzen durch sein Tun oder Lassen überschreitet.

Eine kleine mentale Übung kann dabei helfen. Stellen Sie sich einen Theatersaal vor. Sie sitzen ganz entspannt im Zuschauerraum und harren der Dinge, die da kommen. Da betritt der schwierige Mensch, der Schauspieler, die Bühne und „legt los"(und oft ist es nichts anderes als ein gut eingeübtes Schauspiel, mit dem er versucht, uns zu beeindrucken). Da Sie nicht mit auf der Bühne stehen und mitspielen, können Sie ganz gelassen und aus sicherer Distanz den anderen und seine Vorgehensweise beobachten.

Sie können sich dann aus dieser Beobachtungsrolle einige Fragen beantworten: Wie führt der andere sich auf, um mich unter Druck zu setzen? An welchem Punkt wird er für mich zum Grenzüberschreiter? In welchen Situationen versucht er, diese Grenzen zu überschreiten (häufig sind es ja immer die gleichen oder ähnliche Situationen)? Wie und mit welchen Mitteln tut er das? Wann wird er laut? Wann und wie versucht er, zu überreden und zu manipulieren? Wie versucht er, mir Angst oder ein schlechtes Gewissen zu machen? Und welche Argumente benutzt er, um sich durchzusetzen?

Mit dieser kleinen, aber doch sehr wirksamen Übung gehen Sie auf Distanz zu dem anderen und verstricken sich nicht so schnell in einen Konflikt mit ihm. Diese emotionale Distanz ist das A und O in der Konfrontation mit dem schwierigen Menschen, weil sie Ihnen hilft, einen klaren Kopf zu bewahren und die von Ihnen gesteckten Grenzen aufrechtzuerhalten.

Achten Sie den anderen und vergeben sie ihm!

Wir alle stehen in der Gefahr, Problemmenschen zu verurteilen oder zu verachten, weil sie sich so unmöglich verhalten. Das ist aber alles andere als hilfreich! Durch Ablehnung und Verachtung hat sich noch nie jemand zum Guten hin verändert, sondern die Problematik wird auf diesem Weg oft nur verstärkt. Denn ganz häufig reagiert der schwierige Mensch durch unsere negative Haltung ihm gegenüber damit, dass er seinerseits sein Verhalten auch wieder verstärkt. So schaukelt sich das Ganze immer mehr hoch.

Wir sollten uns daher bewusst machen, dass wir nicht *über*, sondern *neben* dem schwierigen Menschen stehen. Denn auch in unserem Leben gibt es bei genauerem Hinsehen genug Dinge, die wir nicht unter die Füße bekommen, bei denen wir scheitern und versagen. Haben wir, wenn wir einen ehrlichen Blick auf uns selbst und unser Leben werfen, wirklich das Recht, uns selbstgerecht auf die Schulter zu klopfen und auf den anderen herabzusehen?

Jesus hat dazu in der Bergpredigt, eine seiner bekanntesten Reden, etwas sehr Hilfreiches gesagt und zur Veranschaulichung ein eindrückliches Bild benutzt: *„Warum starrst du auf den Splitter im Auge deines Mitmenschen und nimmst gleichzeitig das dicke Brett nicht wahr, das dir den Blick auf die Wirklichkeit und auf dich selbst vollkommen verstellt? Oder wie kannst du zu deinem Bruder sagen: Komm her, ich entferne den Splitter aus deinem Auge, wenn du gleichzeitig ein dickes Brett mit dir herumschleppst, das dir den Blick versperrt? Damit täuschst du dich selbst und versuchst die anderen zu täuschen. Deshalb: Schau erst einmal der ungeschminkten Wahrheit über dich selbst ins Auge, dann wirst du auch deinem Mitmenschen helfen können, seinen Splitter zu entfernen."* [10]

Im Zusammenleben mit einem schwierigen Menschen passiert es sehr schnell, dass wir uns nur noch auf die Defizite des anderen konzentrieren. Wir übersehen dabei völlig unsere eigenen Macken, an denen wir dringend arbeiten müssten. Wir übersehen völlig, dass auch wir jeden Tag davon leben, dass Gott und andere Menschen uns vergeben, denn auch wir machen Fehler, verletzen andere und sind beileibe nicht immer „richtig". Weil wir von dieser Vergebung leben, sind auch wir aufgefordert, dem schwierigen Menschen immer wieder aufs Neue zu vergeben.

Wenn Ihnen dieses Vergeben sehr schwerfällt – und das ist durchaus verständlich, denn schwierige Menschen können uns zutiefst verletzen –, dann machen Sie sich bewusst, dass Sie selbst am meisten davon profitieren, wenn Sie solch einen Lebensstil der Vergebung einüben und praktizieren. Denn durch Ihren Groll, Ihre Wut, Ihren Hass und Ihre Bitterkeit sind Sie wie gefesselt an den schwierigen Menschen. Sie selbst sind hochgradig unfrei und vergiften sich selbst und Ihr Leben durch diese zerstörerischen

Gedanken und Gefühle. Vergebung ist wie eine Schere, mit der Sie diese Fesseln durchtrennen und Ihre Bindung an den schwierigen Menschen lösen. Sie werden von der Freiheit, die im Loslassen und Vergeben steckt, am meisten profitieren, denn durch Vergebung schaffen Sie in sich wieder Platz für neue, positive Gefühle und Gedanken. Aber auch der schwierige Mensch ist durch diesen Prozess der Vergebung freigesetzt, Neues einzuüben.

Setzen Sie Grenzen!

Die Aufforderung zu vergeben wird allerdings oft missverstanden! Dieser Appell wird nämlich gleichgesetzt mit: „Du musst den anderen gewähren lassen. Der darf mit dir machen, was er will, du musst alles ertragen und aushalten, aber darfst dich nicht zur Wehr setzen." Wenn wir so reden, dann haben wir, meiner Ansicht nach, die Bibel und Gott selbst gründlich missverstanden. Denn vergeben bedeutet nicht automatisch, grenzenlos und damit schutzlos zu sein!

Gott selbst setzt, trotz seiner unendlichen Liebe und Vergebungsbereitschaft, dem Menschen immer wieder Grenzen und hat damit gezeigt, dass das durchaus zusammengeht. Die Bibel, die uns viel darüber erzählt, welche Erfahrungen Menschen mit diesem Gott machen, veranschaulicht dies an vielen Stellen.

Und wenn wir uns das Leben von Jesus, dem Sohn Gottes, anschauen, der uns vorgelebt hat, wie ein guter Umgang miteinander aussehen kann, dann stellen wir sehr schnell fest, dass er alles andere als grenzenlos war, sondern durchaus andere in guter Weise in ihre Schranken gewiesen hat.

Die ganze Bibel ist neben dem Gebot zu lieben, barmherzig zu sein und zu vergeben auch voll mit der Aufforderung, uns dem Bösen zu widersetzen, mutig aufzustehen, stark zu sein und schlechtem, schädlichem Verhalten Einhalt zu gebieten. Christen sind keine Duckmäuser, keine Weicheier und keine Leisetreter, sondern haben zu allen Zeiten gegen ein zerstörerisches Verhalten und für ein gutes Miteinander gekämpft!

Und weil das so ist, dürfen auch wir in unserem Leben dem schwierigen Menschen Grenzen setzen und sollten darauf achten, dass Vergebung und der Schutz unserer eigenen Person in einem gesunden Verhältnis zueinander stehen.

Grenzen, die wir setzen, sollten realistisch, durchführbar und zu uns passend sein. Leere Drohungen, die wir sowieso nicht umsetzen können, sollten wir uns direkt sparen.

Verzichten Sie auf die wortgewaltige Ankündigung schlimmster Konsequenzen für den anderen, weil Sie gerade so wütend sind und sich so richtig in Rage geredet haben. Wenn Sie das Angekündigte nicht durchziehen können, machen Sie sich unglaubwürdig und der andere gewöhnt sich an Ihre „Ausbrüche", die für ihn aber keinerlei Folgen haben. Hier gilt: Lieber eine Nummer kleiner anfangen, aber an dieser Stelle beharrlich und konsequent sein, als heute dramatische Reden schwingen und morgen schon wieder einknicken.

Überlegen Sie sich, was im Zusammenleben mit dem anderen die äußerste Schmerzgrenze, die absolute Deadline ist, die er nicht überschreiten darf. Sie werden da sicherlich Kompromisse machen müssen. Wenn Sie die Latte zu hoch hängen, sind Frustration und Enttäuschung auf beiden Seiten vorprogrammiert. Und dann erarbeiten Sie konkrete Schritte, die dafür sorgen, dass diese Grenzen auch wirklich eingehalten werden. Je konkreter die Grenzbeschreibung ist, umso besser. Der andere weiß dann, woran er ist und woran er sich zu halten hat, und auch Sie haben klare Abmachungen an der Hand, deren Einhaltung bzw. Nichteinhaltung Sie überprüfen können.

Machen Sie klare Ansagen!

Grenzen zu setzen ist das eine, Erwartungen und Forderungen zu formulieren das andere. Im „normalen" Umgang mit anderen Menschen reicht es in der Regel, wenn wir unsere Bedürfnisse als Wunsch oder Bitte formulieren (und so sollte es auch sein!), damit der andere unserem Anliegen nachkommen kann oder man zu einem Kompromiss findet, der beide Seiten zufrieden stellt. Auch mit dem schwierigen Menschen sollten wir diesen Weg erst einmal gehen. Leider stellt sich aber häufig heraus, dass der Problemmensch auf diesem Ohr taub ist und aufgrund seines starken Durchsetzungswillens auf diese sanften Töne nicht reagiert. Oder er geht scheinbar auf uns ein, zieht in der Praxis dann aber doch sein Ding durch oder sitzt die ganze Sache einfach aus. Deswegen müssen wir im Umgang mit solchen Menschen schon mal schwerere Geschütze auffahren und Anliegen, die uns für die Erhaltung unseres Lebensraumes wichtig sind, als klare Erwartungen oder sogar Forderungen formulieren.

An dieser Stelle geht es darum, so konkrete und klare Ansagen wie möglich zu machen. Auch hier gilt: Alles, was sehr ungenau und allgemein gehalten ist, können Sie direkt vergessen. Sätze wie: „Du müsstest unbedingt mal ..." oder: „Eigentlich solltest du dringend ..." sind zu unkonkret und lassen dem anderen viel zu viel Spielraum, sich doch wieder herauszuwinden. Formulieren Sie freundlich, aber bestimmt und vor allem glasklar, *was* genau Sie erwarten, *wann* es umgesetzt sein soll und welche Konsequenzen bei Nicht-Beachtung eintreten.

Das klingt zu hart? Nach zu viel Druck? Dann denken Sie bitte daran, dass diese Art, mit einem anderen Menschen zu kommunizieren, ganz sicher nicht das Mittel der Wahl ist, sondern nur und erst eingesetzt wird, wenn es gar nicht anders geht. Lassen Sie sich an dieser Stelle auch keine Schuldgefühle unterjubeln (auch nicht von sich selbst), weil Sie „so hart und gemein sind" und nicht liebevoller mit dem anderen umgehen. Der andere hätte jederzeit die Möglichkeit, sein Verhalten zu ändern, sodass ein „normalerer" Umgang mit ihm möglich wäre. Dass er das nicht tut und damit gewisse Konsequenzen herausfordert, liegt in *seiner* Verantwortung. Und denken Sie stets daran: „Liebevoll sein" bedeutet nicht „grenzenlos sein", auch wenn der schwierige Mensch unsere Liebe zu ihm gerne genau *so* definiert hätte. Aber wir können durchaus Grenzen ziehen und Nein sagen und dabei freundlich, höflich und dem anderen zugewandt bleiben.

Wenn Sie Grenzen setzen oder Erwartungen formulieren, dann achten Sie auch darauf, den anderen nicht anzugreifen, sondern versuchen Sie, ganz bei sich selbst zu bleiben. Es geht ja nicht darum, ihn zu verändern – wir werden noch sehen, dass das sowieso nicht geht –, sondern es geht um *Sie selbst* und darum, dass Sie Verantwortung für sich und Ihr Wohlergehen übernehmen. Statt den anderen mit Vorwürfen und Forderungen, sich zu verändern, zu überhäufen, formulieren Sie lieber so: „Ich fühle mich sehr unwohl, wenn dieses und jenes passiert oder du dich auf eine gewisse Weise verhältst. Weil ich für mich verantwortlich bin und gut für mich sorgen muss, werde ich dieses Verhalten nicht mehr dulden. Wenn du bei diesem Verhalten bleibst, werde ich (jetzt kommt die klare Ansage) diese oder jene Konsequenz ergreifen, um mich zu schützen."

Mit dieser Vorgehensweise steigen Sie aus dem Machtkampf mit dem anderen aus, der ja nur auf Ihre Attacken auf seine Person wartet, um zurückzuschießen. Sie greifen den anderen aber gar nicht an, sondern stellen nur klar, was Sie für *sich selbst* gedenken zu tun. Sie nehmen ihm damit den Wind aus den Segeln und stärken Ihre Souveränität. Denn Sie vergeuden Ihre Kraft nicht mehr mit fruchtlosen Diskussionen und Versuchen, den anderen argumentativ zu überzeugen, sondern stecken sie in das einzig

Sinnvolle: Ihre eigene Veränderung und die Veränderung *Ihres* Verhaltens im Umgang mit dem anderen.

Und dann geht es darum, diese klare Ansage und Grenzziehung auch durchzuhalten. Das ist eine der schwierigsten Übungen. Denn der andere ist ein notorischer Grenzüberschreiter! Er wird das Ganze nicht so hinnehmen – vor allem dann nicht, wenn er von Ihnen dieses konsequente Verhalten nicht gewohnt ist. Bei der nächsten sich bietenden Gelegenheit wird er versuchen, diese von Ihnen gesetzten Grenzen wieder auszudehnen oder zu überschreiten und Ihre klaren Ansagen auszuhebeln. Dabei wird er alle Register ziehen! Er wird mit Unverständnis reagieren, er wird herummeckern und beleidigt sein, um eine (ganz bestimmt!) einmalige Ausnahme betteln, oder mit offener Aggression reagieren – und mit all dem versuchen, Sie von Ihrem konsequenten Verhalten abzubringen, Sie wieder „rumzukriegen". Lassen Sie sich davon nicht kirre machen oder einschüchtern. Sie haben sich Ihre klaren Ansagen und Grenzen ja vorher gut überlegt. Falls Sie doch unsicher werden sollten, sprechen Sie noch einmal mit einer anderen kompetenten Person und lassen Sie jemand von außen auf die Situation schauen. Wenn auch Ihr Ratgeber Sie darin bestärkt, dass Ihre Maßnahmen richtig sind, dann bleiben Sie fest. Setzen Sie sich in Ihren „Zuschauerraum" und lassen Sie den anderen ein bisschen schauspielern. Wenn er merkt, dass er damit nichts erreicht, wird auch er irgendwann sein Pulver verschossen haben!

Lassen Sie den anderen los

Wie bereits erwähnt, geht es in erster Linie darum, Ihren eigenen Lebensraum zu schützen oder wieder zu erweitern, wenn er durch den schwierigen Menschen bereits eingeschränkt oder beengt ist. Es geht nicht darum, den anderen zu verändern. Das ist ein – und das haben Sie vielleicht auch schon gemerkt – aussichtsloses Unterfangen. Wir können einen anderen Menschen in seinen Grundüberzeugungen und dem daraus resultierenden Verhalten nicht verändern! Es sei denn, derjenige selbst ist einsichtig, macht sich an die Arbeit und nimmt seinen Veränderungsprozess in Angriff. Dann können wir ihn auf seinem Weg der Veränderung unterstützen und ihm helfen. Sieht er für sich aber keinerlei Veranlassung, seine Haltung zu überdenken und zu korrigieren, dann haben wir keine Chance!

Es ist ganz wichtig, dass wir im Umgang mit einem schwierigen Menschen, der keinen Veränderungswillen mitbringt, an diesen Punkt der Kapitulation kommen und bekennen: „Ich habe keine Chance. Ich gebe auf!"

Vielleicht haben Sie über Monate und Jahre hinweg Ihre ganze Zeit, Kraft und Energie in diesen anderen Menschen und in mögliche Problemlösungen gesteckt. Nun sind Sie am Ende Ihrer Kraft und Ihrer Möglichkeiten und müssen die ernüchternde Bilanz ziehen, dass Ihr ganzer Einsatz „für die Katz" war.

Sie sind ständig um den anderen herumgetanzt, haben geschoben, gezogen und motiviert. Sie haben für ihn die Probleme analysiert und nach Auswegen gesucht. Sie haben versucht, zu helfen und zu unterstützen. Sie haben praktisch, emotional und gedanklich bis zum Umfallen gearbeitet; der schwierige Mensch dagegen sitzt tiefenentspannt inmitten Ihres regen Treibens, schaut Ihnen interessiert, vielleicht auch belustigt, zu, aber sieht nach wie vor keinerlei Veranlassung, sich zu ändern. *Sie* spielen inzwischen völlig verrückt, während der, um den es eigentlich geht, sich keinen Millimeter verrückt.

Die Erkenntnis: „Es hat nicht funktioniert und es wird auch in Zukunft nicht funktionieren", ist eine bittere und heilsame zugleich. Bitter, weil wir feststellen müssen, dass wir an falscher Stelle investiert haben und selbst dabei viele Federn gelassen haben. Heilsam, weil das Eingeständnis der eigenen Ohnmacht ein fruchtbarer Boden ist, auf dem Neues wachsen kann. Erst, wenn wir kapituliert haben, können wir zu einer neuen Entscheidung finden: „Ich gebe auf! Ich kann den schwierigen Menschen nicht verändern. Deswegen werde ich ihn jetzt loslassen, meine ganzen Energien wieder ‚einsammeln‘ und zurück in mein eigenes Leben lenken.“

Die Entscheidung, den anderen loszulassen und ihm die Verantwortung für sein Leben zurückzugeben, nimmt uns eine große Bürde von der Schulter, die wir möglicherweise seit Jahren mit uns herumschleppen. Mit diesem Schritt werden wir frei, uns wieder unserem eigenen Leben zuzuwenden, aber wir geben auch den anderen frei, sein eigenes Leben zu leben. Wir *trauen* ihm das Leben zu, wir *muten* es ihm aber auch zu. Denn jetzt, wo wir uns nicht mehr ständig in sein Leben einmischen, sondern nur noch die für uns wichtigen Grenzen ziehen, wird er vielleicht erstmals mit den Konsequenzen seines Fehlverhaltens konfrontiert. Es ist ja keiner mehr da, der sich für ihn opfert, der sich immer dazwischenschmeißt, der geraderückt und ausbügelt. Der schwierige Mensch ist vielleicht erstmals gezwungen, sich mit sich selbst und den Folgen seines Handelns auseinanderzusetzten, weil niemand mehr da ist, der ihm diese Arbeit abnimmt.

Nicht selten ist dieser Schritt der Kapitulation und des Loslassens der Wendepunkt im Zusammenleben mit Problemmenschen. Denken Sie daran: Wenn *Sie* aus dem System aussteigen und nicht mehr mitspielen, hat der andere auch kein Gegenüber mehr, das ihm sein Verhalten ermöglicht, und wird sich neu positionieren müssen.

Erobern Sie Ihr Leben zurück

Wenn Sie lange Zeit mit einem schwierigen Menschen zusammenleben, kann es sein, dass er in Ihrem Leben und Denken übermäßig viel Raum einnimmt. All Ihre Gedanke und Gefühle sind auf diese Person und ihr Leben ausgerichtet. Das führt fast automatisch dazu, dass Sie den Kontakt zu Ihren *eigenen* Gefühlen, Wünschen und Bedürfnissen verlieren und dass Sie sich selbst und *Ihr* Leben vernachlässigen.

Aus dieser „Nummer" sollten Sie so schnell wie möglich wieder herauskommen, denn es ist äußerst schade, wenn Sie Ihr Leben auf diese Weise vergeuden. Gott hat Ihnen für Ihr Leben so viel mitgegeben, das entfaltet und eingesetzt werden will. Er hat Sie einzigartig geschaffen und möchte, dass Sie diese Einzigartigkeit leben, Ihre Begabungen und Fähigkeiten entdecken und ganz Sie selbst sein können. Sein guter Gedanke für Sie ist, dass Sie *weiten* Raum für Ihr Leben haben und frei seiner Bestimmung gemäß leben können.

Wenn Sie Ihr Leben irgendwo unterwegs im Zusammenleben mit dem schwierigen Menschen verloren haben, wird es höchste Zeit, es wieder zu entdecken und zurückzuerobern!

Das können Sie tun, indem Sie Ihren Blick von dem Problemmenschen abziehen und sich wieder auf Ihr eigenes Leben konzentrieren. Je mehr Sie sich wieder mit sich selbst beschäftigen, mit dem, was *Ihnen* Freude bereitet, was *Sie* herausfordert und was *Sie* entfalten können, umso weniger Platz ist in Ihrem Kopf und in Ihrer Seele für all die quälenden Grübeleien über den schwierigen Menschen. Was wollten *Sie* denn schon immer mal gerne tun? Welche Begabungen entfalten? Welche Tätigkeiten ausüben? Was würde *Ihnen* denn mal so richtig Spaß machen? Und: Was ist Gottes „Spezialauftrag" für Ihr Leben, wo will er Sie in dieser Welt gebrauchen und einsetzen?

Den eigenen Lebensraum zurückzuerobern bedeutet auch, dass Sie alles dransetzten, wieder eine gute, emotionale Distanz zu dem schwierigen Menschen und seinen Eskapaden zu bekommen. Manchmal ist dafür eine erhöhte räumliche Distanz nötig. Diese kann manchmal Wunder wirken! Orte und Zeiten zu haben, zu denen der schwierige Mensch keinen Zutritt hat, die nur Ihnen gehören und in denen der Problemmensch nicht vorkommt, ist wie ein tiefes Durchatmen und hilft, den Kopf wieder freizubekommen.

Sie erobern Ihren Lebensraum auch zurück, indem Sie alle sinn- und nutzlosen Grübeleien über den schwierigen Menschen vermeiden. Sie wissen es inzwischen ja nur zu gut: Diese Gedanken haben keinerlei Nutzen, außer dass Sie sich selbst damit quälen und Ihre Fixierung auf den anderen verstärken. Warum und wieso dieser so handelt, wie sehr er Sie verletzt hat und was getan werden müsste, damit Veränderung geschieht – all das wären Themen, über die *der andere* sich Gedanken machen müsste, aber nicht Sie. Veränderung führen Sie durch Ihre Grübeleien jedenfalls nicht herbei! Wenn Sie doch wieder in die Grübelspirale hineinrutschen, steigen Sie innerlich sofort aus, sagen Sie STOPP und wenden Sie Ihre Gedanken gezielt einem anderen Thema oder einer anderen Beschäftigung zu. Dazu müssen Sie sich anfangs wahrscheinlich regelrecht zwingen, aber so nach und nach wird es Ihnen immer leichter fallen, aus der Grübelspirale auszusteigen.

Wenn Sie merken, dass Sie sich wieder in fruchtlose Diskussionen mit dem anderen verstricken, dann steigen Sie sofort aus. Denn die Erfahrung hat Sie gelehrt, dass diese Diskussionen gar nichts bringen, weil der andere gar nicht an einer Veränderung interessiert ist. Mit der Zeit bekommen Sie ein Gespür dafür, ob es sich um eine fruchtbare und zielführende Konfrontation handelt oder ob diese endlosen Diskussionen wieder nur zum Ziel haben, Sie einzuwickeln und Ihnen den Boden unter den Füßen wegzuziehen. Lassen Sie sich darauf nicht mehr ein, sondern bleiben Sie freundlich, aber bestimmt, bei Ihren klaren Ansagen.

Und: Bewahren Sie sich Ihren Humor. Humor ist ein wundervolles Mittel, um eine gute, emotionale Distanz zum anderen aufrechtzuerhalten und Situationen zu entschärfen. Denken Sie an den Spruch: *Wenn das Leben dir eine Zitrone gibt, dann mach doch Limonade draus.* Oder neudeutsch: *Das Leben ist scheiße? – Mach Glitzer drauf!*

Mit Humor lässt sich der schwierige Mensch tausendmal besser ertragen, als wenn Sie sich von morgens bis abends über ihn schwarzärgern!

Sieben Impulse für den Umgang mit dem schwierigen Menschen, die nicht leicht umzusetzen sind. Denn sie fordern uns heraus, an uns zu arbeiten, aus alten, gewohnten Verhaltensmustern auszusteigen und ein neues und reiferes Verhalten einzuüben. Dabei wird sehr schnell deutlich, dass der schwierige Mensch nicht nur der Problememacher in unserem Leben sein muss, sondern dass er auch eine Wachstumshilfe für uns sein kann. Denn durch ihn lernen wir Dinge, die wir sonst nie gelernt hätten. Wenn wir nicht mehr ausschließlich problemorientiert denken, sondern den Blick auf diesen für uns so wertvollen Lernprozess richten, können wir aus dieser belastenden Situation viel Gutes für unser Leben ziehen.

Gott ist für mich in diesem ganzen Prozess mein wichtigster Begleiter. Denn durch ihn lerne ich, in der Wahrheit zu leben und mir und anderen nichts vorzumachen. Eine Wahrheit, die klarsieht und die die Augen aufmacht, anstatt sie zu verschließen. Eine Wahrheit, die mit Liebe, Achtung und Wertschätzung dem anderen gegenüber verbunden ist. Von ihm lerne ich Demut. Ich habe kein Recht, mich über einen schwierigen Menschen zu erheben, denn auch ich habe meine blinden Flecken und dunklen Seiten. Auch ich lebe ausschließlich von der Gnade und Vergebungsbereitschaft Gottes – darin unterscheide ich mich in nichts von dem anderen. Bei Gott lerne ich loszulassen. Er hat das Leben des schwierigen Menschen im Blick und darüber hinaus alle Möglichkeiten, ihn zu verändern. Wenn ich den anderen loslasse und meine Verantwortung für ihn abgebe, dann fällt er in Gottes Hand – und da ist er bestens aufgehoben! Aber bei Gott lerne ich auch stark zu sein und zu kämpfen: für die Einhaltung meiner Grenzen und für den Lebensraum, den ich brauche, um mich zu entfalten. Er ist mein Rückenstärker, mein Vorausgeher, mein Wegfreimacher und mein Mutzuflüsterer, damit ich mich gegen schwierige Menschen behaupten kann.

Da muss sich dringend etwas ändern!
Veränderungsprozesse im Leben gut gestalten

Ein großer Wandel lebt von vielen kleinen Veränderungen.

Thomas Romanus

Vor einigen Jahren lief im Vorabendprogramm der ARD eine neue Stylingshow mit Bruce Darnell an. Bruce Darnell ist ein dunkelhäutiger Dressman mit elegantem Hüftschwung und stark amerikanischem Akzent, der immer wieder gerührt in Tränen ausbricht, weil irgendetwas so unglaublich *wonderful* und zu Herzen gehend ist. Der gute Mann weiß vor lauter Emotionen oft gar nicht, wo er sich lassen soll, was sich als äußerst medienwirksam erwiesen hat und ihm vorübergehend zu einer steilen Fernsehkarriere verholfen hat.

Dieser Mann beriet also im Vorabendprogramm diverse Damen aller Altersstufen bezüglich ihres Outfits sowie in Sachen Styling und Make-up. Vieles, was er da fabrizierte, fand ich ganz gelungen und ich staunte, wie sich unter seinen Händen so manch eine nicht besonders attraktive Frau zu einem wahren Hingucker mauserte. Anderes fand ich einfach nur grauenhaft! Besonders fragwürdig empfand ich das ganze Geschehen, wenn eine Frau von ihrem Typ, von ihrem Aussehen und ihrer Ausstrahlung her so sehr verändert wurde, dass sie sich selbst beim Blick in den Spiegel kaum noch wiedererkannte. Manch einer Dame fiel bei ihrem eigenen Anblick regelrecht die Kinnlade herunter und in ihrem Mienenspiel war deutlich zu erkennen, dass sie sich nicht so recht zwischen Lachen und Weinen entscheiden konnte.

In solchen Fällen habe ich mich gefragt: Wie dauerhaft mag diese Veränderung wohl sein? Nur allzu gerne würde ich eine dieser Frauen ein Jahr später noch einmal aufsuchen und nachfragen, welche dieser modischen Finessen beibehalten wurden, welche der grandiosen Veränderungsvorschläge sich als dauerhaft durchführbar und alltagstauglich erwiesen haben. Ich könnte mir vorstellen, dass sich bei der einen oder anderen das modern gestylte, platinblond gefärbte Haar wieder in ein stinknormales Straßenköterblond verwandelt hat und auch die Designerklamotten zugunsten eines wesentlich tragbareren Outfits wieder aus dem Schrank geflogen sind.

Nicht jeder Veränderungsimpuls erweist sich eben auf lange Sicht gesehen auch als gut, hilfreich und durchführbar!

Nun soll es in diesem Kapitel nicht um solche äußeren Veränderungen gehen, sondern um andere, auf die wir unser ganzes Leben lang immer wieder reagieren müssen oder die von uns ganz bewusst angestrebt werden.

Da gibt es zum einen Veränderungen, die unsere Lebensführung betreffen. Manchmal möchten wir unserem Leben noch einmal eine ganz neue Richtung geben oder dieser Richtungswechsel wird uns vom Leben regelrecht „verordnet".

Vielleicht wollen Sie nach längerer Pause wieder in Ihren Beruf einsteigen oder durch Kündigung, Krankheit oder andere Lebensumstände sind Sie gezwungen, Ihre Arbeit aufzugeben. Vielleicht erwägen Sie umzuziehen und an einem anderen Ort noch einmal ganz neu Ihre Wurzeln zu schlagen. Vielleicht haben Ihre Kinder das Haus verlassen oder sind gerade dabei, es zu tun, und Sie suchen nach Neuorientierung, die ganz sicher einiges an Veränderung beinhaltet. Vielleicht sind Sie frischgebackene Ehefrau, Mutter, Großmutter oder Wieder-Singlefrau und überlegen nun, wie Sie diese neue Lebensphase gestalten können. Vielleicht sieht es in Ihrer Partnerschaft nicht besonders rosig aus und Sie merken, dass sich unbedingt etwas verändern muss, wenn Sie und Ihr Partner weiterhin miteinander auf einem guten Weg bleiben wollen.

Möglicherweise sind es aber auch ganz andere Themen, die Sie beschäftigen. Themen, bei denen Sie spüren, dass für Sie eine Veränderung dran ist. Es handelt sich dann um Themen, die Ihr Innerstes betreffen.

Vielleicht merken Sie, dass Sie permanent überlastet sind, weil Sie so schlecht Nein sagen können. Vielleicht ist es Ihr Perfektionismus, der Sie immer zu Höchstleitungen anstachelt und Sie nie zur Ruhe kommen lässt, weil nichts gut genug ist. Vielleicht ist es das Unvermögen, Nähe zuzulassen, Gefühle auszudrücken und sich einem anderen Menschen so zu öffnen, dass die Beziehung zu ihm auch in die Tiefe geht. Vielleicht haben Sie das Empfinden, von anderen Menschen immer abgelehnt zu werden und bei ihnen nicht willkommen zu sein. Vielleicht stecken Sie in einer Depression fest und wünschen sich an dieser Stelle sehnlichst Heilung. Vielleicht ist es eine Sucht, die Sie gefangen hält, von der Sie aber endlich befreit werden wollen.

Möglicherweise sind es auch Themen, die beim Lesen dieses Buches in Ihnen „aufgestanden" sind und die bearbeitet werden wollen, damit es zur Veränderung kommt.

Es gibt also ganz verschiedene Bereiche in unserem Leben, in denen wir uns nach Neuem sehnen und nach Wegen suchen, um dieses Neue auch auf den Weg zu bringen.

Ähnlich wie bei den eingangs beschriebenen Anfragen bezüglich einer Veränderung unseres Äußeren stellt sich auch in allen anderen Veränderungsprozessen unseres Lebens die Frage: Wie kann tief greifende und dauerhafte Veränderung in unserem Leben geschehen? Wie können wir uns davor schützen, dass die neuen Wege, die wir gehen wollen, nicht irgendwann in einer

Sackkasse landen? Was tun, damit sich der neue Lebensentwurf nicht als riesengroßer Flop entpuppt, der uns in die Resignation und zum Aufgeben zwingt? Was gilt es zu beachten, damit Veränderungsprozesse in unserem Leben für alle Beteiligten so gewinnbringend wie möglich sind, dagegen so wenig wie möglich Verlust und Zerbruch wie nötig mit sich bringen?

In den unterschiedlichen Kapiteln dieses Buches klang das Thema „Veränderung" bereits häufig an, denn es ging ja oft darum, ungute Reaktionsweisen aufzuspüren und durch lebensförderliche Denk- und Verhaltensmuster zu ersetzen. Besonders das Kapitel „Brave Mädchen holt der Wolf" enthielt bereits ganz wesentliche Gedankenanstöße hierzu. Manche dieser Gedanken finden sich im folgenden Kapitel in ähnlicher Form noch einmal wieder, denn es sind wichtige Grundprinzipien, die sich gleichermaßen für alle Veränderungsprozesse in unserem Leben anwenden lassen und die helfen können, damit Sie mit Ihrem ganz konkreten Thema gut weiterarbeiten können.

Neue Wege und Veränderungen müssen gewollt sein

Das leuchtet ein und klingt wie eine Binsenwahrheit. Dennoch kennen wir wahrscheinlich alle Menschen – und gehören oft genug selbst zu diesem Personenkreis –, die zwar viel jammern, stöhnen und sich über Missstände beklagen, aber auf Veränderungsimpulse dennoch sehr abwehrend reagieren. Bieten wir ihnen unsere Hilfe an, damit ihre Lebenssituation verbessert werden kann, blocken sie ab und wir spüren ganz schnell: *Eigentlich* wird eine Veränderung hier gar nicht gewollt. Denn mit manchen Missständen und Unzufriedenheiten in unserem Leben haben wir uns ganz gut arrangiert und darin eingerichtet, sodass eine Veränderung letztlich gar nicht gewollt ist. Im Gegenteil: Bei genauerem Hinsehen fühlen wir uns in unserer Opferrolle und mit unserem selbstmitleidigem Lamentieren ganz wohl und sträuben uns dagegen, diesen Zustand, mit dem wir uns mittlerweile ganz gut angefreundet haben, wieder zu verlassen. Wir sind oft einfach zu bequem, aus Altvertrautem auszubrechen und sehen nicht ein, dass ein anderer oder neuer Weg uns zu mehr Lebensqualität verhelfen würde. Ein Veränderungsprozess erscheint uns viel zu mühsam, aber auch viel zu riskant. Wer weiß, was uns auf dem unbekannten Terrain erwartet!

Eine meiner Töchter ist ein richtiges Powergirl. Sie arbeitet viel, ist ständig unterwegs und hat permanent irgendwelche Verabredungen. Ruhezeiten sind bei ihr nicht vorgesehen. Eine Zeit lang hatte dieser Lebensstil zur Folge, dass sie alle paar Wochen oder Monate ohne erkennbaren Grund plötzlich flachlag, über Bauschmerzen oder Kopfschmerzen klagte, völlig erschöpft und todmüde war. Ich sprach damals mit ihr über den Zusammenhang von Überlastung und psychosomatischen Symptomen und erklärte ihr, dass unser Körper die nötige Ruhe mit Gewalt einfordert, wenn wir nicht bereit sind, ihm diese Erholungszeiten durch einen entsprechenden Lebensrhythmus freiwillig einzuräumen. An ihrem Gesicht sah ich, dass sie nur auf den Moment wartete, an dem diese langweilige Mutterpredigt endlich zu Ende sein würde und sie sich wieder in ihr umtriebiges Leben stürzen könne. Sie versprach mir zwar hoch und heilig, sich mit diesem Thema zu beschäftigen, aber ich spürte sehr genau, dass das vorerst nicht passieren würde. Und ich dachte: „So traurig es ist, aber wahrscheinlich muss sie erst so richtig auf der Nase liegen, bevor sie beginnt, an ihrem Lebensstil etwas zu verändern."

Aber so viel anders ist das bei uns älteren Erwachsenen auch nicht. Auch wir müssen leider oft erst auf der Nase landen, um Veränderung ernsthaft und mit Nachdruck anzustreben. Leider sind wir als Menschen so gestrickt, dass wir erst ganz unten, am Ende unserer eigenen Kraft, angekommen sein müssen, um uns auf Veränderung einzulassen. Erst dann ist der Leidensdruck höher als unsere Bequemlichkeit oder unsere Angst vor Neuem.

Ich habe in den vorangehenden Kapiteln bereits erzählt, dass ich selbst vor einigen Jahren eine heftige Erschöpfungsdepression hatte. Diese Krise hat auch mich gezwungen, manches in meinem Leben endlich anzugehen und zu verändern. Anzeichen, dass ich mich in einer Schräglage befand, gab es schon lange vorher. Aber ich habe diese Anzeichen nicht weiter ernst genommen. Die leisen Töne in meinem Innern wollte ich einfach nicht hören, weil auch mir ein Veränderungsprozess viel zu riskant und zu mühsam erschien.

An dieser Stelle möchte ich Sie sehr ermutigen, schon auf die leisen Töne Ihres inneren Menschen zu hören und auf das sanfte Reden Gottes, welches Ihnen (noch) leise, aber dennoch unüberhörbar zuflüstert: „Hier muss in deinem Leben etwas verändert werden, wenn du auf einen guten Weg kommen willst!"

Falls Sie – ähnlich wie ich – diese leise Stimme geflissentlich überhört haben, dann nehmen Sie aber spätestens das Läuten der Alarmglocken, das sich nicht mehr überhören lässt, zum Anlass, dringend notwendige Veränderungen einzuleiten, neue Wege zu entdecken und dann auch zu gehen!

Veränderung braucht Zeit!

Wenn Sie in Ihrem Leben ausschließlich an schnellen Lösungen interessiert sind, muss ich Sie mit der ernüchternden Tatsache konfrontieren, dass es solche schnellen Lösungen zum Thema Veränderung nicht oder nur sehr selten gibt.

Natürlich können wir eine Veränderung unserer äußeren Lebensführung zügig durchziehen und so unserem Dasein einen plötzlichen Richtungswechsel geben. Wir können unseren Job an den Nagel hängen und an anderer Stelle beruflich ganz neu durchstarten, wir können nach einer längeren Elternzeit noch einmal eine Ausbildung machen oder ein Studium beginnen, wir können umziehen, vielleicht sogar auswandern und in einer völlig anderen Gegend von vorn anfangen oder als „eingefleischter" Single doch noch das Wagnis einer Beziehung eingehen.

Auch wenn all das nur äußere Veränderungen sind, braucht unsere Seele Zeit. Zeit, um mitzuwachsen und sich in die neuen Gegebenheiten einzufinden, vor allem dann, wenn es sich um sehr einschneidende Veränderungen im Leben handelt. Denn auf die anfängliche Euphorie und Begeisterung über das Neue, was sich in Ihrem Leben ereignet, folgt meist eine Phase der Ernüchterung, der Zweifel und Unsicherheiten. Diese Anpassungsschwierigkeiten sind völlig normal und Teil des Gewöhnungsprozesses. Geben und nehmen Sie sich die Zeit, um die veränderte Situation in Ihrem Leben zu verarbeiten und mit dem Neuen vertraut zu werden.

Aber wie viel mehr brauchen wir Zeit, wenn es um Veränderungen in unserem Innern geht. Das, was wir uns in Jahrzehnten an falschen Denk- und Verhaltensmustern angeeignet haben, was sich vielleicht auch durch unsere persönliche Geschichte tief in unserem Inneren eingegraben hat, das wird nicht über Nacht verschwinden, nur weil wir uns das jetzt ganz fest vornehmen.

Der Gedanke „Veränderung braucht Zeit" sollte keine Entmutigung sein, sondern eine Entlastung. Weil wir nämlich oft nach den ersten Schritten auf dem neuen Weg denken: „Es funktioniert ja doch nicht! Ich bin so, wie ich bin – dagegen lässt sich nichts machen. Aus diesen Problemen komme ich sowieso nie raus." Viele Frauen bleiben an dieser Stelle stecken und geben schon direkt am Anfang resigniert auf. Da hat man erkannt, dass bestimmte Denk- und Verhaltensmuster nicht hilfreich sind, will das auch gerne verändern, aber merkt dann ganz schnell: „So einfach geht das nicht! Ich kann nicht plötzlich anders denken, fühlen und reagieren, als ich es bisher getan habe. Wenn es hart auf hart kommt, springen die alte Mechanismen in mir wieder an und halten mich in gewohnten Bahnen."

Gehen Sie an dieser Stelle mit sich selbst nicht zu hart ins Gericht. Seien Sie sich darüber im Klaren, dass es Monate, meistens sogar Jahre braucht, um tief sitzende Abläufe in unseren Gedanken und Gefühlen zu verändern. Das sind Jahre des Übens, des Hinfallens und wieder Aufstehens. Je realistischer und gelassener wir an dieser Stelle sind, umso entspannter erleben wir einen Veränderungsprozess und umso besser gelingt er auch. Ein verbissenes „Das-muss-ich-aber-jetzt-unbedingt-Ändern", ein verkrampftes „Das-darf-mir-nicht-mehr-Passieren", ist an dieser Stelle eher kontraproduktiv. Es *wird* nämlich wieder passieren, weil sich unser Denken, Fühlen und Verhalten nicht einfach, und vor allem nicht schnell, umkrempeln lässt. Das heißt aber noch lange nicht, dass unsere Bemühungen gänzlich fruchtlos bleiben und überhaupt nichts bewegen.

Neulich bin ich über eine Wendeltreppe auf einen Turm gestiegen, weil mich die grandiose Aussicht, die man von der Turmspitze auf das Tal haben sollte, lockte. Diese Wendeltreppe wurde für mich zu einem sehr geeigneten Bild für das Thema „Veränderung". Anfangs hatte ich das Gefühl, ich käme überhaupt nicht voran und würde mich regelrecht im Kreis drehen. Scheinbar kam ich immer wieder an die gleiche Stelle, sah an diesem Punkt der Raum unter mir noch genauso aus, wie es eine Etage tiefer der Fall gewesen war. Aber das täuschte. In Wirklichkeit kam ich mit jeder erklommenen Stufe ein bisschen höher, ein bisschen weiter und dem Ziel ein bisschen näher. Bis ich schließlich tatsächlich die wunderschöne Aussicht von ganz oben genießen konnte.

In unserem Leben ist es ähnlich. Manche Veränderungsprozesse gestalten sich sehr langwierig und scheinen gerade zu Beginn sogar nahezu aussichtslos zu sein. Aber auch das täuscht! Denn mit jedem noch so kleinen Schritt in die richtige Richtung hat sich etwas verändert und wir sind auf unserem neuen Weg ein Stück vorangekommen.

Verantwortung für unser Leben

Wenn wir in unserem Leben eine Veränderung vornehmen, neue Wege beschreiten und Missstände ändern wollen, dann schauen wir richtigerweise erst einmal hin, woran es denn liegt, dass wir momentan so unzufrieden sind.

Wenn Sie den Eindruck haben, Sie leben gar nicht das, was zu Ihnen passt, was Ihren Bedürfnissen und Begabungen entspricht und das eigentliche Leben, *Ihr* Leben, rauscht an Ihnen vorbei, dann müssen Sie natürlich erst einmal nach der Ursache für diese Unstimmigkeit suchen.

Wenn Sie in einer zerrütteten Ehe leben und dringend nötige Veränderungen auf den Weg bringen wollen, dann sollten Sie erst einmal gut hinschauen, was der Grund für die Fehlentwicklungen in Ihrer Beziehung ist und wie es so weit kommen konnte.

Wenn Sie im Umgang mit Ihren Kindern häufig Probleme haben und bei Ihnen zu Hause alles aus dem Ruder läuft, ist es ganz wichtig, die Zusammenhänge der verfahrenen Situation zunächst gründlich zu analysieren.

Sich die Ursachen eines Problems anzuschauen, ist eine ganz wichtige Arbeit am Anfang eines jeden Veränderungsprozesses. Hier sollten wir sehr gründlich sein, uns viel Zeit nehmen und nicht nur „mal eben" über die Oberfläche unseres Lebens wischen. Die eine oder andere wird auf diesem Weg in die Tiefe manch bittere Träne über das vergießen, was in ihrem Leben schiefgelaufen ist, was sie zu der hat werden lassen, die sie heute ist, und was manche Schieflage in ihr Leben hineingebracht hat. Aber die Bereitschaft, sich mit sich selbst und manch schwierigen Themen des Lebens wirklich auseinanderzusetzen, wird sich später auszahlen. Wir setzen dann mit unserem Veränderungsprozess an den Wurzeln an, bei dem, was „unten drunter" liegt, und betreiben nicht nur ein bisschen Symptomkosmetik. Ein Veränderungsprozess wird in der Folge auch viel nachhaltiger gelingen, als wenn wir nur an der Oberfläche bleiben.

Dennoch ist es auch wichtig, dass wir über diesen ersten Schritt der Ursachenforschung hinwegkommen und hier und heute Verantwortung für den weiteren Verlauf unseres Lebens übernehmen. Dass Veränderung in Ihr Leben hineinkommt, dass Sie neue Wege finden und diese Wege dann auch gehen, dafür sind ganz allein Sie selbst verantwortlich. Dafür ist nicht Ihr Mann zuständig, nicht Ihr Arbeitgeber, nicht Ihre Kinder, nicht Ihre Eltern oder sonst jemand aus Ihrem Lebensumfeld.

Natürlich können Sie diese Verantwortung auch abgeben und dann *andere* oder die *Umstände* dafür verantwortlich machen, dass Ihnen manches im Leben Schwierigkeiten macht. Damit begeben Sie sich aber in eine Opferhaltung. Meiner Wahrnehmung nach neigen besonders Frauen zu dieser Opferhaltung. Frauen jammern und klagen lieber, als die Dinge am Schopf zu packen und anzugehen. Das klingt dann in etwa so:

„Wenn meine Eltern mich damals liebevoller und mit mehr Verständnis behandelt hätten ..."

„Wenn mein Mann nicht immer so egoistisch und rücksichtslos handeln würde ..."

„Wenn mein Chef mich nicht immer so ausnutzen würde ..."

„Wenn meine Kinder nicht so chaotisch wären und sich besser benehmen würden ..."

„Wenn wir mehr Geld hätten und unsere Lebensumstände besser wären ..."

Reden wir so, liegt die Ursache für unser Unwohlsein immer woanders – nur nicht bei uns. Die Verantwortung dafür, dass sich unsere Lebenssituation bessert, liegt damit ebenfalls immer bei anderen – nur nicht bei uns. Damit geben wir aber jede Handlungsmöglichkeit aus den Händen. Denn wenn *andere* oder *die Umstände* für unser Wohlergehen zuständig sind, haben wir tatsächlich wenig Einfluss auf unser Leben. Wir können andere schließlich nicht dazu zwingen, sich so zu verhalten, dass es uns guttut, und wir können von anderen auch nicht zwingend erwarten, die Lebensumstände *für uns* so zu gestalten, dass wir uns wieder wohlfühlen.

Beginnen wir dagegen, Verantwortung für uns zu übernehmen, entdecken wir mehr und mehr, dass wir selbst ganz viel Potenzial besitzen, unser Leben zum Guten zu wenden.

Wenn Sie den Grund für einen Missstand in Ihrem Leben kennen, dann ist es Ihre Aufgabe, diese Ursache, auch wenn das anstrengend und mühsam ist, abzustellen. Wenn das in Gänze nicht möglich ist, dann doch zumindest, die Belastung auf ein für Sie erträgliches Maß herunterzuschrauben. Wenn auch das nicht möglich ist und sich tatsächlich gar nichts ändern lässt (was äußerst selten der Fall ist!), dann doch wenigstens zu einer veränderten Einstellung zu der schwierigen Situation in Ihrem Leben zu finden, damit Sie trotzdem ein halbwegs erfülltes und zufriedenes Leben führen können. Das ist harte Arbeit, aber diese Arbeit kann Ihnen tatsächlich niemand abnehmen. Wenn Sie sich aber erst einmal auf den Weg gemacht haben, werden Sie schon bald feststellen, dass die Mühe sich lohnt und Sie erste Früchte Ihrer Arbeit ernten können.

Eigene Wege und Ziele

Für das Gelingen eines Veränderungsprozesses ist es sehr förderlich, ein Ziel zu haben und dieses auch klar benennen zu können. Ihr Ziel wird inspiriert von Menschen, Begegnungen oder Erlebnissen, zu denen Sie eine hohe Affinität haben, und Situationen, in denen Sie spüren: „So sollte es sein!" oder: „Genau *das* würde zu mir passen!" Bei dem Entwurf einer Perspektive für Ihren Veränderungsprozess können auch Fragen helfen wie: Was bräuchte ich eigentlich, um mich in meinem Leben (wieder) wohlzufühlen? Welche Schräglagen in *mir* müssten behoben werden, damit ich mit der einen oder anderen Situation besser zurechtkäme? Wie müssten mein Umfeld, meine Arbeit und meine Beziehungen gestaltet sein, damit ich mich entfalten und mein ganzes Sosein optimal in die Gemeinschaft mit anderen Menschen einbringen kann?

An dieser Stelle ist es wichtig, dass Sie ganz bei sich selbst bleiben. Es geht nicht darum, die Ziele *anderer* zu kopieren und sich von einem „man müsste dieses" oder „man sollte jenes" leiten zu lassen. Was *Ihnen* fehlt, das wissen nur Sie, und wo Sie selbst hinwollen, das können auch nur Sie selbst herausfinden und entscheiden. Es gibt sicherlich manch gute Ziele im Leben, die aber dennoch nicht zu uns und unserem „Strickmuster" passen. Es gibt so manche Menschen, denen wir begegnen, die uns sehr faszinieren. Dennoch merken wir recht schnell: „Dieser Mensch, sein Lebensstil und seine Überzeugungen beeindrucken mich sehr, aber diese Weise zu denken und zu handeln ist trotzdem nicht ‚meins'." Machen Sie sich die Mühe herauszufinden, welches *Ihre* Ziele in Ihrem Veränderungs- und Entwicklungsprozess sind – es lohnt sich.

Was für das Ziel gilt, gilt auch für den Weg dorthin. Auch hier können wir nicht alles übernehmen, sondern müssen gut hinschauen, was zu *uns* passt, auch wenn wir durchaus viel voneinander lernen und uns von anderen inspirieren lassen können.

Kürzlich unterhielt ich mich mit einigen Frauen über das Thema „Minderwertigkeitsgefühle" (im letzten Kapitel dieses Buches haben Sie die Gelegenheit, diese Frauen noch etwas näher kennenzulernen ...). Wir stellten recht schnell fest, dass wir alle immer mal wieder von Gefühlen der Unzulänglichkeit geplagt werden, uns wertlos und überflüssig fühlen oder den Eindruck haben, andere seien viel begabter und fähiger als wir. Wir waren uns alle einig, dass das ein ganz „blödes" Gefühl ist, weil es bei keinem von uns die Wirklichkeit widerspiegelt. „Ein Gefühl, so unnötig wie ein Kropf", sagte meine Freundin.

Interessant war, dass es in der darauffolgenden Diskussion ganz unterschiedliche Ansätze gab, wie man denn dieses „blöde Gefühl" unter die Füße bekommen kann. Eine Frau sagte grinsend, sie ginge bei diesem „Ich-kann-nichts-und-ich-bin-nichts-Gefühl" immer zum Frisör oder zur Kosmetikerin. Danach würde sie sich direkt wieder besser fühlen. Eine andere meinte, das würde bei ihr garantiert *nicht* reichen, sie würde gerne beratende oder therapeutische Gespräche in Anspruch nehmen, um der Sache mal so richtig auf den Grund zu gehen. Woraufhin wieder eine andere meinte, diese „Seelenbuddelei" sei überhaupt nichts für sie. Was solle das denn bringen? Bei ihr läge es daran, dass sie keine sinnvolle und erfüllende Tätigkeit ausübe. Für sie wäre es sicher eine Hilfe, wenn sie ihren Schulabschluss nachmachen, eine Ausbildung beginnen und dann etwas „Gescheites" arbeiten würde. Und dann meinte noch eine Frau, dass für sie der spirituelle Weg an dieser Stelle ganz wichtig sei. Sie sagte, ihr Wert und ihre Selbstsicherheit als Frau liege in der Gewissheit, von Gott geliebt zu sein. Das zu kapieren, wäre total wichtig. Alles andere wären doch nur „Krücken". Worauf die überzeugte Frisörbesucherin feixte, *ihr* Frisörbesuch wäre ein äußerst spirituelles Ereignis ...

Merken Sie? Ganz unterschiedliche Wege zu dem Ziel, ein stärkeres Selbstwertgefühl zu entwickeln. Was aber zu uns passt und wie wir vorgehen wollen, das müssen wir selbst herausfinden. Manches kann man einfach mal ausprobieren, anderes verwirft man direkt, weil es zu den eigenen Überzeugungen nicht passt. Wie könnte Ihr Weg aussehen?

Und immer wieder: klein, aber oho!

Ein Kardinalsfehler beim Thema „Veränderung" besteht darin, dass wir uns zu viel auf einmal vornehmen, von uns selbst und auch von anderen viel zu viel erwarten und das Ruder unseres Lebens zu radikal herumreißen. Sicher, es gibt sie, die Zustände in unserem Leben, bei denen ein ganz radikaler, mitunter sehr schmerzhafter Schnitt nötig ist, damit wir überhaupt aus der Nummer rauskommen. Aber weitaus häufiger sind die Situationen, die durch kleine Schritte verändert werden, mit denen wir konsequent, diszipliniert und beharrlich Richtung Ziel marschieren. Diese kleinen Schritte lassen sich in der Regel sehr gut in der Wirklichkeit unseres Lebens verankern, wohingegen die großartigen, radikalen Ideen häufig nichts als Seifenblasen sind, die bei der Berührung mit dem Alltag sofort zerplatzen. Mit ihnen überfordern wir uns: Wir sind schnell entmutigt und halten die extremen Veränderungen, die wir da initiiert haben, auch gar nicht durch. Aber Durchhaltevermögen braucht es für jeden Veränderungsprozess!

Eine Freundin von mir möchte nach einer langen Kinderauszeit wieder in irgendeiner Form aushäusig tätig werden. Alles ist noch offen und alles ist noch möglich! Und so saßen wir vor einiger Zeit an einem lauen Sommerabend bei flackerndem Kerzenlicht und einem Glas Wein bei mir auf der Terrasse und haben mal so richtig herumgesponnen. Meine Freundin, eine sehr begabte und talentierte Frau, hatte jede Menge Ideen – und die hatte ich auch: „Ein feines, schnuckeliges Café, mit individuellem Ambiente und kulturellen Angeboten aus der Kleinkunstszene – das wäre doch was!" Oder: „Ein kleines Geschäft mit erlesenen Köstlichkeiten, kombiniert mit besonderen Accessoires und ungewöhnlicher Deko. Eben ein richtiges ‚Frauengeschäft' zum Schwelgen und Stöbern." Oder: „Ein Restaurant mit ganz günstigen, soliden Speisen für den kleinen Geldbeutel. Damit auch Leute mit wenig Geld mal essen gehen können." Je später der Abend (und je leerer die Flasche Wein), desto mehr schwelgten wir in Zukunftsträumen und es fielen permanent Sätze wie: „Man müsste mal ..." oder: „Es wäre total klasse, wenn ..." oder: „Eigentlich sollte man mal ...".

Nun sind solche Träume durchaus wichtig. So manch eine Veränderung hat damit begonnen, dass jemand einen Traum, eine Vision oder eine großartige Idee hatte, die ihn beseelte und antrieb. Aber wenn es darum geht, diese Ideen tatsächlich auf den Weg zu bringen, müssen wir die Träume, Wünsche und Sehnsüchte in unsere Wirklichkeit, in unseren Alltag hineinholen und in konkreten Schritten umsetzen. Davor scheuen wir zurück, weil das mit mühsamer Kleinarbeit, Disziplin und harter Arbeit verbunden ist. Viel lieber verharren wir in unseren Wunschvorstellungen, denn die fiktive Beschäftigung mit einer glorreichen Zukunft, in der irgendwie alles anders und viel besser wird, gibt uns das Gefühl, wir wären an unserem Thema „dran" und seien an einer Veränderung interessiert, ja, engagierten uns sogar für sie. In Wirklichkeit aber bleibt das Ganze ein Wunschkonzert, denn mit „man müsste mal" oder „man sollte mal" werden wir keine Veränderung herbeiführen. Das gilt für das oben erwähnte Beispiel, welches aus dem Bereich der äußeren Veränderung kommt, aber auch für alle anderen Veränderungsprozesse, die unseren inneren Menschen, unsere Denk- und Verhaltensmuster betreffen.

Wenn Sie bereits ein Ziel haben, auf das Sie zusteuern wollen, dann überlegen Sie sich so konkret wie möglich, was Sie tun könnten, um diesem Ziel näher zu kommen. Und dann fangen Sie an. Denken Sie daran: Jeder Schritt in die richtige Richtung zählt!

Es wird nicht einfach

Sie haben sich möglicherweise bereits kleine, konkrete Schritte überlegt, die der Anfang für einen Richtungswechsel sein könnten. Motiviert und frohgemut ziehen Sie los. Und nun passiert etwas, womit die meisten nicht rechnen: Sie stoßen auf massiven Widerstand! Interessanterweise kommt dieser Widerstand aber nicht nur von außen, beispielsweise von den Menschen aus unserer näheren Umgebung, sondern auch aus unserem Inneren, also von unserer eigenen Person. Ich habe bereits an anderer Stelle in diesem Buch diesen Widerstand, auf den wir in einem Veränderungsprozess stoßen, beschrieben. Weil dieser Punkt aber so wichtig ist, möchte ich ihn an dieser Stelle noch einmal aufgreifen. Sind wir hierauf nicht gut vorbereitet, lassen wir uns nämlich ganz schnell ins Bockshorn jagen und geben auf, bevor wir überhaupt richtig losgelegt haben.

Wenn wir etwas Neues ausprobieren, fühlen wir uns erst einmal unwohl in unserer Haut. Das ist ganz normal. Wir haben es ja immer anders gemacht und sind uns selbst ganz fremd, wenn wir das nun plötzlich verändern. Sie haben beispielsweise vor bestimmten Situationen oder Menschen immer Angst und haben diese bisher tunlichst gemieden. Sie spüren aber mehr und mehr, dass dieses Vermeidungsverhalten Ihnen nicht guttut, weil sich Ihr Lebensraum immer weiter einengt, während Ihre Ängste immer mehr Raum einnehmen. Dinge, die Sie *eigentlich* gerne tun würden, bleiben auf der Strecke, weil Ihre Angst Sie behindert. Sie beschließen nun, diese Ängste zu überwinden, sich ganz bewusst auf solch eine angstbesetzte Situation einzulassen und sie durchzuhalten, statt, wie bisher, wegzulaufen oder die Situation von vorneherein zu vermeiden.

Ganz sicher werden Sie sich in Ihrem neuen Verhalten erst einmal *nicht* gut fühlen, im Gegenteil: Alles in Ihnen wird danach schreien, es so zu machen wie bisher, nämlich aus der Angst machenden Situation wegzulaufen. Diese Reaktion ist ganz natürlich und normal! Das alte Verhalten ist ja in Ihnen konditioniert, wenn Sie da ausbrechen, fühlt sich das sehr fremd an.

Genauso natürlich ist es, dass Sie an diesem Punkt anfangs, und auch später, immer mal wieder „einknicken" und in das alte Reaktionsmuster zurückfallen. Verurteilen Sie sich dafür nicht! Zu jedem Lern- und Veränderungsprozess gehören die Rückschritte, das Hinfallen und das Üben! Dennoch: Der einzige Weg, eine Angst zu überwinden, ist es, diese auszuhalten und durch sie hindurchzugehen. Der einzige Weg, einen Widerstand gegen einen Veränderungsprozess in uns zu überwinden, ist es, diesen Widerstand auszuhalten und durch ihn hindurchzugehen.

Einen Weg „drumherum" gibt es leider nicht und die Erwartung, dass sich die Sache einfach von selbst in Wohlgefallen auflöst, ist in der Regel sehr unrealistisch. Auch die Erwartung, dass wir *morgen* oder *nächste Woche* das „Ding" besser unter die Füße bekommen, deswegen *heute* nicht unsere Arbeit machen und uns durch den Widerstand hindurchbeißen müssten, ist eine Farce! *Morgen* wird genau der gleiche Widerstand wieder da sein und es wird Ihnen *nicht* leichter fallen, sich da hindurchzukämpfen. Also können Sie genauso gut *heute* mit dem Üben beginnen. Dieses „Auf-die-lange-Bank-Schieben" führt meistens dazu, dass wir uns gar nicht an die Arbeit machen oder die nötigen Prozesse unnötig in die Länge gezogen werden. Dagegen führt ein beharrliches Üben dazu, dass der Widerstand in uns immer geringer wird und neues Verhalten sich in unserem Innern festigt.

Was für den inneren Widerstand gilt, gilt auch für den Widerstand von außen. Immer, wenn wir althergebrachte Lebens- und Verhaltensweisen aufgeben, wird unser Umfeld darauf reagieren – und zwar nicht immer positiv! Wir alle leben in Beziehungen miteinander. Verändern wir nun die Regeln, nach denen diese Beziehungen bisher funktioniert haben, lösen wir große Unruhe und Verunsicherung bei unseren Mitmenschen aus. Das sorgsam ausbalancierte System des Miteinanders gerät plötzlich ins Wanken und unsere Mitmenschen werden alles daransetzen, den alten, „sicheren" Zustand wiederherzustellen. Wenn es uns, die wir den Veränderungsprozess und die damit einhergehende Unruhe selbst initiiert haben, schon so schwerfällt, mit der neuen Situation zurechtzukommen, wie viel mehr hat unser Umfeld daran zu knacken, dass der Hase nun plötzlich in eine andere Richtung läuft. Wir sollten also größtes Verständnis dafür haben, wenn unsere Mitmenschen nicht direkt mitspielen, sondern uns massiven Widerstand entgegenbringen, um den alten Status quo wiederherzustellen.

Bei allem Verständnis gilt es aber dennoch, beharrlich an dem einmal eingeschlagenen Kurs festzuhalten. Wenn wir an dieser Stelle freundlich und nicht aggressiv oder „zickig" rüberkommen, wenn wir bestimmt, aber auch kompromissbereit auftreten, wenn wir kleine Schritte gehen, die uns selbst und andere nicht überfordern, dann werden sich unsere Mitmenschen nach und nach an die Veränderung gewöhnen und vielleicht sogar entdecken, dass auch sie davon profitieren können.

Es gibt noch mehr!

Wenn Sie neue Wege beschreiten und Veränderungen wünschen, dann werden Sie ganz schnell an Ihre Grenzen kommen. Das gilt vor allem für innere Veränderungen. Eine Veränderung unserer Lebensführung oder unserer Lebensumstände lässt sich vergleichsweise leicht einstielen. Aber nicht so die Veränderung von Einstellungen, Denkmustern, Gefühlen und eingefahrenen Verhaltensmustern. Alte Prägungen und Verletzungen sitzen manchmal so tief und haben uns so einschneidend geprägt, dass es fast unmöglich scheint, hier neue Wege zu beschreiten.

An dieser Stelle ist mir das Erleben, dass Gott über meine menschlichen Möglichkeiten hinaus in meinem Leben handeln kann, ganz wichtig geworden. Gott kann mit der wirksamen Kraft, die von ihm ausgeht, bis in die Tiefen unserer Persönlichkeit

hineinreichen und an Stellen wirken, an die wir niemals selbst
herankommen, geschweige denn, dass wir hier etwas verändern
könnten.

Gerade in der größten Krise meines Lebens, die gleichzeitig
Auslöser für wesentliche Veränderungsprozesse war, habe ich das
oft erlebt. Besonders in Erinnerung geblieben ist mir aus dieser
Zeit der Depressionen ein Tag, der von mir besonders drückend
und finster erlebt wurde. Ein Tag, der komplett von dem Gedanken überlagert war: „Ich kann nicht mehr. Ich habe einfach keine
Energie mehr, mich gegen diese Dunkelheit zur Wehr zu setzen,
damit sie mich nicht völlig verschlingt." In diese Gedanken hinein kam mir ein Satz, den Jesus einmal gesagt hat: *„Ich lebe und
Ihr sollt auch leben!"* [11] Ein Satz aus der Bibel, den Jesus in einem
ganz anderen Kontext gesagt hat. Aber wie so oft, wenn Gott zu
uns spricht und uns berührt, spüren wir auf einmal ganz deutlich, dass dieses Wort uns ganz persönlich gilt. Wir wissen dann
ganz genau: Das ist jetzt für *mich, ich* bin gemeint. Und tatsächlich ist dieser Satz in diesem Moment ganz tief in meine Seele
gefallen, in die hinterste Ecke meines Seins, in der Resignation,
Lebensverweigerung, Selbstbestrafung und Selbstzerstörerisches
sich breitgemacht hatten. Dorthinein, wo mein Nein zum Leben
saß und wo die Depression ihren Ursprung hatte, fiel dieser Satz,
den ich nun ganz persönlich für mich hörte: *„Ich lebe und du sollst
auch leben!"* Gott hat mir in diesem Moment das Leben zugespro-
chen und das Leben über mir ausgerufen. Dieser Satz hat mich
ganz tief berührt und Licht in meine Dunkelheit gebracht.

Das heißt nicht, dass die Depression in dem Moment komplett
verschwunden war. Die ganzen Denk- und Verhaltensmuster, die
in diese Krise geführt hatten, mussten ja trotzdem bearbeitet und
nach und nach mit vielen kleinen Schritten abgebaut werden.
Diese Arbeit hat Gott mir nicht abgenommen. Aber er hat an einer Stelle gewirkt, die für mich unerreichbar war.

Ich bin mir sicher, Gott möchte auch in Ihrem Leben mit seiner heilenden und verändernden Kraft mitwirken. Laden Sie Ihn ein, in Ihr Leben hineinzukommen, gerade in die Bereiche, in denen Sie am Ende Ihrer Weisheit, Ihrer Kraft und Möglichkeiten sind. Sie dürfen gespannt darauf sein, was sich dann in Ihrem Leben tun wird!

Ja sagen zu den eigenen Grenzen

Trotz aller guter Ansätze in Sachen Veränderungsprozess und trotz aller Gebete werden Sie vielleicht dennoch an der einen oder anderen Stelle Ihres Lebens entdecken, dass Ihnen Lebensumstände zugemutet werden, die sich nicht verändern lassen, oder dass es Gedanken, Gefühle und Handlungsweisen gibt, die Bestandteil Ihrer selbst bleiben.

So wichtig es ist, dass wir uns verantwortlich und zielstrebig für das Gelingen eines Veränderungsprozesses einsetzen, so wichtig ist es an manchen Stellen unseres Lebens auch, dass wir unsere Wünsche loslassen und uns aussöhnen mit unserer Unvollkommenheit und unserem Leben, wie es nun mal ist. Im Loslassen und Annehmen steckt eine ungeheure Kraft für ein glückliches und erfülltes Leben, auch wenn die Umstände sich *nicht* verändert haben. Damit uns das gelingt, müssen wir uns mit manch Unerreichtem oder mit manchem Verlust erst einmal auseinandersetzen und diese Dinge abtrauern. Erst dann kommen wir zur Ruhe und können mit uns selbst und unserem Leben im Einklang leben.

Und damit schließt sich der Kreis. Am Anfang dieses Buches, im ersten Kapitel, ging es um unser Ich und darum, wie wir lernen können, mit uns selbst im Einklang zu leben. Dieses „Mit-mir-selbst-im-Einklang-Leben" schließt eben auch all die No-go's in uns ein, die wir trotz aller Veränderungsbemühungen nicht unter die Füße bekommen. Wir können diese Dinge verdrängen, können sie schönreden, können sie relativieren, indem wir mit dem Finger auf all jene zeigen, die noch viel schlimmer sind als wir oder können dran verzweifeln und uns mit unseren Schuld- und Schamgefühlen das Leben schwermachen.

Wir können aber auch Ja sagen und zu uns stehen, wie wir eben nun mal sind: mit Ecken, Kanten, mit Macken und Verwundungen. Das wird uns aber nur gelingen, wenn es jemanden außerhalb unseres Selbst gibt, der ein bedingungsloses Ja zu uns hat und uns ohne Wenn und Aber liebt. Und diesen Jemand gibt es! Gott hat Sie geschaffen und sein größter Wunsch ist es, dass Sie seine Liebe zu Ihnen begreifen und in eine Beziehung zu ihm eintreten, in der diese Liebe fließen kann. Von seiner Seite aus hat er alles getan, was dafür nötig ist. Er hat in Jesus alles Zerstörerische, das in uns steckt, alle Scham, alles Unheil, alle Verwundungen und alle unguten Reaktionen, die daraus folgen und die wieder neues Unheil hervorbringen, auf sich genommen, damit wir frei sind und als Befreite leben können. Zugegeben: Das ist und bleibt ein Geheimnis, das zu erklären uns immer nach Worten ringen lässt. Wer sich aber auf dieses Geheimnis eingelassen hat, bei dem entfaltet es seine Wirkung. Gott streckt Ihnen seine Hände entgegen. Was werden Sie tun?

Frauengeflüster

Freundinnen wie Dora, Lissy, Gabi, Nora und Bekki

Die Freundschaft Gottes kommt dir entgegen in jedem Lächeln, in jeder Blume, in jedem gutem Wort, in jeder Hand, in jeder Umarmung.

Phil Bosmans

„Sag mal, wie war eigentlich das Eheseminar, das du am letzten Wochenende mit Frank besucht hast?", wendet Bekki sich an Gabi.

Es ist einer dieser wunderschönen warmen Sommerabende. Die Amsel flötet ihr allerletztes Abendlied, während die erste Fledermaus schon auf Jagd geht und über uns hinweghuscht. Die Dämmerung hüllt uns ein, während wir bei Wein und Kerzenlicht auf unserer Terrasse sitzen. Wir, das sind meine Freundinnen Dora, Lissy, Gabi, Nora und Bekki. Und ich natürlich. Wir haben bereits über dies und das geredet, als Bekki ihre Frage einwirft.

„Schön war's", erwidert Gabi und verdreht dabei verzückt die Augen. „Es war ...", sie sucht nach Worten, „so tiefgreifend und hat uns beide, glaube ich, einschneidend verändert. Und unsere Beziehung auch." „Wir", sie hebt belehrend ihren Zeigefinger, „haben sooo viel gelernt. Unsere Ehe wird jetzt viel romantischer. Und kommunikativer. Und ... es wird viel mehr Begegnungen von Herz zu Herz geben." Sie schaut triumphierend um sich.

„Sach bloß", erwidert Bekki trocken.

Ich schlucke und versuche, nicht allzu skeptisch zu gucken. Ich meine, wer bin ich, dass ich meine Freundin von dieser „Es-ist-alles-so-super-romantisch-Nummer" runterhole? Aber Frank, Gabis Mann, ist so ziemlich das unromantischste und unkommunikativste Wesen, das ich kenne. Frank schenkt seiner Frau grundsätzlich praktische Haushaltsgegenstände zum Geburtstag. Blumen sind „unnützes Grünzeug" und Körperkontakt findet da statt, wo er Franks Meinung nach hingehört: im Bett. Und nur dort. Wenn Gabi bei mir ist und Frank sie abholt, schüttelt er ihr zur Begrüßung die Hand. Das ist ja so was von romantisch! Frank verbringt seine Freizeit am liebsten wahlweise vor dem Computer oder vorm Fernseher. Oder er ist unterwegs und hilft diversen Leuten in Nachbarschaft und Gemeinde mit seinem handwerklichen Geschick. Denn *das* hat Frank wirklich. Frank hat sein Haus fast eigenhändig hochgezogen. Und hat neulich die Terrasse bei uns gemacht. Und bei Dora und Heiner das dreißig Jahre alte Bad neu gefliest. Nur reden tut er nicht. Frank ist stumm wie ein Fisch. An einem geselligen Abend neben ihm zu sitzen, das ist die reinste Tortur. Und sooo viel anders scheint das in den eigenen vier Wänden, laut Gabis Schilderungen, auch nicht zu sein. Wie denn auch. Auf Frank mögen ja viele Eigenschaften zutreffen. Aber „romantisch" und „kommunikativ" gehören definitiv *nicht* dazu. Und wie das mit der „Von-Herz-zu-Herz-Begegnung" klappen soll, wenn einer nicht mal einen Smalltalk hinkriegt, ist mir völlig schleierhaft.

„Und", stellt Bekki die Frage, die uns alle auf der Zunge liegt, „wie willst du das hinkriegen?"

Gabi lässt sich von dem Zweifel, der in dieser Frage mitschwingt, gar nicht irritieren. „Na", jubelt sie euphorisch, „durch Eheabende natürlich."

Natürlich! Wie konnten wir nur so dumm sein und nicht von selbst darauf kommen. Stecke nicht-romantischen und nicht-kommunikativen Mann in einen Eheabend und heraus kommt der reinste Wunderknabe. „Habt ihr denn schon einen gehabt"?, frage ich vorsichtig.

„Ja, gestern", antwortet Gabi. Sie klingt dabei etwas bockig.

„Und???", kommt es wie aus einem Mund.

„Na ja", das hört sich schon nicht mehr ganz so selbstsicher an, „ich hab ihn gefragt, ob er mir nicht sein Herz zeigen will."

„Du hast waas?" Ich bin fassungslos. So was fragt man doch nicht! Erst recht keinen nicht-romantischen und nicht-kommunikativen Ehemann. Und überhaupt: Was ist das denn für eine blöde Sprache! So *redet* man doch nicht. Lernt man so etwas etwa auf einem Eheseminar? „Was hat denn dein Göttergatte auf diese intelligente Herzfrage geantwortet?", mischt sich nun auch Lissy ein.

„Er meinte", Gabi schluckt, „da gäbe es im Moment nichts Interessantes zu sehen." Sie schweigt.

„Und weiter?", bohre ich nach. „Mensch, Gabi", ich werde langsam ungeduldig, „nun lass dir doch nicht alles aus der Nase ziehen."

„Nichts." Sie spielt mit ihrem Weinglas.

„Wie? Nichts", will jetzt auch Dora wissen.

„Na, nichts eben", erwidert Gabi kleinlaut. „Nach zehn Minuten Nichts hat er dann nach der Fernbedienung gegriffen und gefragt, ob wir jetzt endlich den Film gucken können, den ich ihm versprochen hatte." Pause. „... na, damit er überhaupt zu Hause bleibt", verteidigt sie sich, als sie unsere ungläubigen Mienen sieht. „Er wäre ja sonst wieder irgendwohin fliesen oder bohren gegangen."

Schweigen. „Sie hat ihn mit einem Film bestochen", murmelt Lissy tonlos. „Damit er zu Hause bleibt", ergänzt Bekki. Ich glaub's einfach nicht.

Bekki erwacht als Erste aus ihrer Erstarrung. „Na, dem würde ich was erzählen", zetert sie los. „Das würde der mit *mir* nicht machen." Bekki hat ja auch gut lachen. Sie hat einen superromantischen Mann, der wechselweise Liebling und Traumfrau zu ihr sagt, und auch in der Öffentlichkeit, wenn er meint, dass keiner guckt, seine Finger nicht von ihr lassen kann. Pascal redet wie ein Wasserfall und zeigt *jedem* sein Herz. Ob man das nun sehen will oder nicht. Pascal liebt es, bei Kerzenschein mit seiner Frau zu essen oder zu baden und trägt, laut Bekkis Aussage, sogar romantische Unterwäsche. Was auch immer das sein mag. Dafür kriegt er keinen Nagel in die Wand und kann absolut nicht mit Geld umgehen. Bekki kann ihn nicht einmal allein zu Aldi einkaufen schicken. Selbst da findet er Sachen, die teuer und völlig unnötig sind.

„Damit kannst du dich doch unmöglich abfinden", ereifert sich die Traumfrau. „Der ist ja der reinste Holzklotz. Du hast ein Recht auf Zärtlichkeit und Gespräch. Gute Kommunikation ist das A und O einer funktionierenden Beziehung. Das weiß sogar ich – auch ohne Eheseminar. Du darfst dir das alles nicht gefallen lassen. Der Kerl braucht mal ein bisschen Druck."

Frau von Romantische-Unterwäsche-Mann nimmt einen tiefen Schluck aus ihrem Weinglas und lehnt sich wieder zurück. Gabi lächelt gequält. Irgendwie tut sie mir leid. Diese Seifenblase ist ja wohl mal wieder ziemlich schnell geplatzt. Seit ich Gabi kenne, ringt und kämpft sie mit ihrer Ehe. Mal rebelliert sie, mal resigniert sie oder ist, wie im Moment, voller Hoffnung. Was aber nie besonders lange anhält. Kein Wunder. Denn wirklich bewegen tut sich bei Mr. Holzklotz nichts.

„Also, ich hätte den Kerl ja schon längst verlassen", meldet sich Lissy zu Wort. „Kommt für mich nicht in Frage, ich bin Christ", erwidert Gabi lakonisch.

„Was hat denn das eine mit dem anderen zu tun"?, wundert sich Lissy. Sie ist die Einzige von uns, die es, wie sie sagt, mit dem Glauben nicht so hat, die ganze Nummer mit Gott reichlich schräg findet und in Folge mit den interchristlichen Spielregeln auch nicht so vertraut ist. Die Kirche ist ihrer Meinung nach eine einzige Heuchelei, leben kann man besser ohne einen Gott, der einem ständig vorschreibt, was man zu tun und zu lassen hat, und

Beten und Bibellesen sei die reinste Zeitverschwendung. Aber sie hat einen Narren an uns gefressen, weil „ihr irgendwie so anders seid", und lässt keine unserer Zusammenkünfte aus.

„Das erkläre ich dir später", fange ich ihre Frage ab. „Das ist nämlich ein Kapitel für sich." Ich habe jetzt keine Lust auf eine theologische Grundsatzdiskussion. Und mal ehrlich – so richtig steigt doch da eh keiner durch.

Jetzt meldet sich Dora zu Wort. Mit ihren fast siebzig Jahren ist sie die Rangälteste unter uns und könnte unser aller Mama sein. „Mädels" (sie sagt *immer* Mädels zu uns), kommentiert sie das bisher Gesagte, „warum seid ihr nur alle immer so unzufrieden?" Sie wendet sich an Gabi. „Kindchen" (noch so ein Lieblingsausdruck von ihr), „schlägt dein Frank dich?" Gabi schüttelt vehement ihren Kopf. „Versäuft er euer Geld?" Wieder wildes Kopfschütteln. „Ist er faul und arbeitet nicht?" Schüttel, schüttel. „Na, siehst du", sie lehnt sich zufrieden zurück, „dann ist doch alles halb so wild."

Ich schaue sie fassungslos an. Dass er seine Frau nicht verprügelt, nicht säuft und ein fleißiger Häuslebauer ist, prädestiniert Frank dazu, sich ein Schild mit der Aufschrift „guter Ehemann" umzuhängen? „Sag mal, Dora, das ist doch jetzt nicht dein Ernst", frage ich sie, „ein bisschen mehr kann man von seinem Mann doch schon erwarten, oder?"

„Na ja", räumt sie ein, „das war jetzt vielleicht etwas übertrieben. Aber weißt du, mit den Erwartungen ist das so eine Sache. Ich hab jahrelang an meinem Heinerle rumgenörgelt, hab versucht ihn umzuerziehen und hab mich permanent wegen meiner nicht erfüllten Erwartungen schwarzgeärgert. Ich hab dadurch nichts erreicht, außer, dass ich selbst immer unzufriedener wurde. Mein Heinerle hat sich durch meine ständige Kritisiererei jedenfalls nicht geändert. Jedenfalls nicht wirklich. Als ich das erkannt habe, habe ich irgendwann den Schalter bei mir umgelegt. ‚Dora', hab ich zu mir gesagt, ‚du hast jetzt die Wahl. Entweder du akzeptierst deinen Heinerle so, wie er ist, und genießt die Jahre, die wir noch haben, oder du ärgerst dich weiter immer über ihn und wirst eine verbitterte, alte Ziege.' Ich hab mich damit abgefunden, dass ich manches mit meinem Mann nicht machen und er vieles mir nicht geben kann. Was soll ich mich mein Leben lang darüber immer ärgern?" Sie lehnt sich zurück.

„Und damit bist du glücklich?", fragt Gabi sie zweifelnd.

„Bist *du* glücklich?", fragt Dora zurück und fährt fort: „Ach, Kindchen", sie seufzt, „mit dem Glück ist das so eine Sache. Glücksmomente sind ganz besondere, einmalige Momente. Sie kommen und sind, ehe du dich versiehst, auch schon wieder vorbei. Zufriedenheit ist etwas viel Stabileres, Tragfähigeres. Aber Zufriedenheit ist in dir drinnen", sie pocht auf ihre Brust, „und hängt nur sehr wenig davon ab, wie ein Leben verläuft. Oder was du für einen Mann hast."

Ich schaue sie etwas zweifelnd an. Die Aussage: „Wer nichts erwartet, ärgert sich auch nicht", ist mir zu einseitig, zu platt. Wer nichts mehr erwartet vom Leben, von sich selbst und seinen Mitmenschen, der hat schon aufgegeben und resigniert, kann und will nichts mehr bewegen, oder? Ich brauche doch meine Träume, Erwartungen und Sehnsüchte als treibende Kraft, um mein Leben zum Guten hin zu verändern. Gabi denkt Ähnliches: „Wenn ich als Zugpferd in unserer Ehe nicht mehr tätig bin, dann läuft bei uns ja gar nichts mehr. Es ist ja so schon schwer genug." Sie seufzt. „Wenn ich von Frank zum Beispiel nicht erwarten würde, dass er wenigstens einen oder zwei Abende in der Woche mal zu Hause bleibt, dann wäre er immer weg. Und wenn ich ihm nicht ab und zu ein Gespräch aufzwingen würde, dann würden wir gar nicht mehr miteinander reden. Meine Erwartungen sind das Einzige, was unsere Ehe wenigstens noch etwas am Laufen hält", ergänzt sie noch.

Dora wiegt zweifelnd den Kopf.

Nun mischt sich auch Nora ein. Sie hat bisher kaum etwas gesagt: „Ich stimme Dora zu: Du kannst deinen Mann nicht verändern. Nur Gott kann das. Deswegen solltest du ihm Frank im
Gebet hinhalten. Du wirst sehen: Gott tut Wunder." Nora ist die
Frömmste unter uns. Ich meine, fromm sind wir ja alle irgendwie,
aber Nora ist frommer als fromm. Auf jeden Pott hat sie einen
Deckel. Bei ihr muss man wahlweise Gott etwas abgeben, ihm
etwas hinhalten oder diverse Dinge ans Kreuz nageln. Nora hat
eine Art sich auszudrücken, dass einem sofort siebenundneun-
zig Gründe einfallen, warum man auf keinen Fall und unter gar
keinen Umständen Christ werden will. Dabei hat sie oft Recht.
Sie bringt es nur so ... so saublöd rüber. Und dann immer diese
Wundermasche.

„Das stimmt doch so nicht", ereifere ich mich dann auch so-
fort. „Ich kenne Frauen, die beten sich ihr ganzes Leben einen
Wolf und haben immer noch den gleichen Hansel dort sitzen.
Gott tut da eben nicht immer Wunder."

Nora schweigt. Dass Gott seine Wunderdose nicht aufmacht,
passt nicht in ihr Programm. Ausgerechnet Lissy, unsere Quoten-
heidin, nimmt Nora in Schutz. „Ist doch gar keine schlechte Idee.
Ich meine das mit dieser Hinhaltetechnik." Wir gucken sie ver-
ständnislos an. „Na", hilft sie uns auf die Sprünge, „Nora meint
doch, nur Gott könne verändern und Gabi soll ihren Mann Gott
hinhalten. Das könnte sie doch jetzt einfach mal für einen Monat machen. Nicht nörgeln, nicht quengeln, nichts fordern ... einfach nur ... hinhalten." (Ich bekomme einen Schreikrampf, wenn
ich dieses dämliche Wort noch einmal höre). Aber Lissy, unsere
Ich-glaub-das-ganze-fromme-Zeug-nicht-Frau, hat sich richtig in
Rage geredet. „Dann werden wir ja sehen, ob euer sagenhafter
Gott verändert oder nicht. Also, ich mach das Experiment auf
jeden Fall mit", beschließt sie trotzig ihre Ausführungen. Wir
schauen sie ratlos-fragend an. „Na, Frank hinhalten (stöhn), da-

mit er zum Traummann mutiert. Das muss Gabi ja nicht allein tun, wir könnten das ja alle machen. Gegen uns alle zusammen hat euer Mr. Supergott bestimmt keine Chance. Ihr werdet schon sehn." Sie schaut uns wild entschlossen an. „Passt auf, ich zeig euch mal, wie das geht: Wir fassen uns jetzt alle an den Händen und ich sage: ‚Du erhabenes Wesen im Himmel (Lissy ist bekennende Nicht-Beterin, aber so ab und an meint sie doch in Kontakt mit diesem ominösen Wesen treten zu müssen und dann sagt sie *immer* ‚Du erhabenes Wesen im Himmel‘, das hat sie vor einiger Zeit mal in einem Esoterik-Seminar aufgeschnappt ...), wir halten dir jetzt Frank hin. Der muss dringend anders werden. Das ist nämlich nicht mehr zum Aushalten mit dem Kerl. Ende der Durchsage."

Sie blickt sich triumphierend um. Einen Moment herrscht fassungslose Stille. Wir fühlen uns alle etwas überrumpelt. Ich meine, die Situation ist schon zum Schreien komisch: Da sitzen wir als ein Haufen frommer Frauen zusammen und ausgerechnet diejenige, die mit Gott gar nichts am Hut hat, bringt uns auf den Trichter, dass man sich in solch einer Situation ja mal ganz eventuell an Gott wenden könnte. Da murmelt Dora leise: „Ende der Durchsage, äh ... ich meine: Amen." Wir anderen schließen uns mit unserem Amen zögernd an. Als ich aufblicke, sehe ich, dass Gabi Tränen in den Augen hat. Lissy hat's auch bemerkt und erhebt feierlich ihr Glas: „Auf deinen Frank, auf die gute, alte Ehe, auf ..."

„... das erhabene Wesen im Himmel", vollende ich ihren Satz. Kichernd stoßen wir an.

Anmerkungen

1 Die Bibel (nach der Einheitsübersetzung)
Matthäusevangelium Kapitel 22, Vers 39

2 Florence Littauer: Einfach typisch!
Die vier Temperamente unter der Lupe,
Gerth Medien, Asslar 2002.

3 Reinhold Ruthe: Typen und Temperamente:
Die vier Persönlichkeitsstrukturen,
Brendow Verlag, Moers 2011.

4 Die Bibel (nach der Einheitsübersetzung)
Psalm 139, Vers 14

5 Patricia Tudor-Sandahl: Das Leben ist ein langer Fluss,
Verlag Herder, Freiburg/Breisgau 2003, S.10.

6 Die Bibel (nach Luther)
Psalm 90, Vers 12

7 Die Bibel (nach der Einheitsübersetzung)
Johannesevangelium Kapitel 3, Vers 16

8 Schindler/Hahlweg/Revenstorf: Partnerschaftsprobleme,
Springer Medizin Verlag, Heidelberg 2007, S.10.

9 Victor Frankl: … trotzdem Ja zum Leben sagen.
Ein Psychologe erlebt das Konzentrationslager,
Kösel-Verlag, München 2005.

10 Die Bibel (nach „Das Buch")
Matthäusevangelium Kapitel 7, Verse 3-5

11 Die Bibel (nach Luther)
Johannesevangelium 14, Vers 19 b

So wie ich bin ...

Samantha Koch (Hrsg.)
Ich bin am besten wie ich bin
Ein erneuter Angriff auf den
weiblichen Optimierungswahn
Paperback, 144 Seiten
ISBN 978-3-86506-459-2

Bieten Sie den eigenen Fehlern
und Kapriolen des Alltags lächelnd
die Stirn ...
Mit freundlicher Unterstützung
von Tamara Hinz, Annekatrin Warnke,
Jutta Wilbertz u.v.a.

Brendow.
Verlag | Alles, was Sinn macht!

Lust
auf Leben

Tamara Hinz
Der Klang Deiner Stimme

Paperback, 160 Seiten
ISBN 978-3-86506-358-8

Mit ihren 52 Andachten möchte
Tamara Hinz vor allem eins erreichen:
Lust machen auf die Begegnung mit Gott,
mit sich selbst und mit dem Leben,
so wie es uns von Gott geschenkt ist.

Verlag | Alles, was Sinn macht!